経営者　柳宗悦

経営者　柳宗悦

長井誠

水声社

目次

序　章
はじめに――問題の所在　13
一　先行研究と経営という視点　16
二　資料と研究手法について　20
三　本書の構成　23
おわりに　26

第一章　柳宗悦と民芸運動――「経営」という視点から
はじめに　31
一　柳宗悦と民芸　32
二　柳宗悦の経営――経営者としての柳の遍歴　35

三　経営者・柳宗悦の終焉　38
おわりに　43

第二章　柳宗悦と経営——梅棹忠夫と比較して
はじめに　47
一　柳田國男と柳宗悦と梅棹忠夫と渋沢敬三——「民」をめぐる施設をつくった四人　49
二　梅棹忠夫と経営——学術研究における経営と国立民族学博物館　58
三　柳宗悦と梅棹忠夫の経営——二人に共通するもの　65
おわりに　79

第三章　経営者としての柳宗悦の実践——組織運営・資金調達の視点から
はじめに　85
一　柳宗悦の組織運営——民芸館と民芸協会を中心として　87
二　柳宗悦の経営——資金調達を中心として　108
三　柳宗悦の経営者像　121
おわりに　126

第四章　地方民芸協会設立・拡大による組織拡大——富山県を事例として
はじめに　131
一　富山県の民芸運動の現状——柳が選んだ富山県の手仕事から　134
二　富山県の民芸運動を支えた三郷土人　142
三　富山県の民芸運動と中央の民芸同人——棟方志功と柳宗悦　147
四　富山民藝協会の設立と分裂　155
五　高岡市美術館「第一回民芸品展」の開催　158
おわりにかえて——富山県の民芸運動の拡大で発揮された柳宗悦の経営力　162

第五章　受け継がれる柳の思想と大阪日本民芸館の経営——大原總一郎から弘世現へ
はじめに　169
一　柳没後の民芸運動　176
二　大阪日本民芸館の概要　179
三　大阪日本民芸館創設の貢献者大原總一郎　183
四　大阪日本民芸館創設・継続のもう一人の貢献者弘世現　195

五　柳宗悦と大阪日本民芸館　204
おわりに　206

終　章
一　まとめ——経営者としての柳宗悦　211
二　おわりにかえて——私が勤務した大阪日本民芸館　214

注　221
年表　251

あとがき　257

序章

はじめに——問題の所在

柳宗悦は、民芸運動の創始者として知られているが、それ以外の分野でも卓越し、多彩な能力を発揮して多様なキャリアを築いた人物でもあった。柳の学習院時代の恩師で仏教学者鈴木大拙は、先に逝った柳[1]のことを、葬儀の際の弔辞で、「君〔=柳〕は天才の人であった。独創の見に富んでいた」と評している。[2]これは、様々な分野において「独創の見」を発揮した柳の生涯を言いあてたものであった。また、柳研究で著名な中見真理も、「柳は、民芸をこえて実に多種多様な活動をした人物であった。〔……〕柳は、優れた何人分もの人生を束ねたような、たぐいまれな生涯をエネルギッシュに生き抜いたのである」[3]と柳の多彩な能力とキャリアについて述べている。中見の言う「多種多様な活動」とは、具体的には、朝鮮民族美術館の設立をはじめ、ウィリアム・ブレイクや、木喰仏、妙光人の研究、民芸運動の推進などを指している。このように柳は、民芸運動以外にも様々な分野に足跡を残しており、それぞれ功績を挙げたのである。

その柳について、文化人類学者の松井健は、「人間・柳宗悦について、その全体をより多角的にみることは、これからの民藝について考えたり、民藝運動の歴史と未来を考える時に、重要な転回を用意してくれるように思われる」[4]と指摘している。松井は柳に対する多角的な研究の必要性を指摘しているのだ。実際、後述するように、柳が足跡を残した様々な分野について、近年、多角的な研究が進められている。

一方、お茶や食文化とともに民芸の研究でも著名な熊倉功夫は、柳が様々な人物に書き送った、およそ四千七百通にも上る書簡が残されていることをあげ、「柳宗悦の民藝運動の理論と実態は、この書簡集によってもう一度再構成されるべきであろう」[5]と、書簡からみる柳宗悦研究の有用性を指摘している。この指摘を踏まえて、『柳宗悦全集』を中心に残されている「四千七百通」の柳の書簡に眼を通してみると、柳宗悦への「多角的」な見方の一つに気がつくことができる。それは、経営者としての柳という視点である。柳宗悦が実は有能な経営者であり、その結果、民芸運動は持続することができたのではないか。民芸運動は現在、やや衰退傾向にあるとはいえ、運動の継続性については、高く評価されている。[6] 民芸運動が九十年以上継続しているのは、民芸館および民芸協会に対する柳の経営が非常に優れていたからではないだろうか。事実、民芸運動を推進するにあたっては、民芸館を維持するとか、全国組織の民芸協会を運営するとか、運動体を「経営」する必要に直面するだろう。したがって、そのマネジメントというのが、極めて重要となるはずである。自らが没した後もなお継続する民芸運動を創設した柳には「経営」に関する高い能力があったはずである。ところが、この柳がもっていたであろう卓越したマネジメント能力に対する研究がいままで行われなかったように思われる。

上加茂民芸協団の失敗や三宅忠一の民芸協団の設立などの出来事[7]の影響もあってか、柳は経営者として評価されることはあまりなかった。また、晩年の柳、特に『美の法門』を著して以降の柳は、宗教哲学者としてのイメージが強く、そうした後年の印象にも引きずられる形で経営者としての柳を考えることや、経営者としての柳が研究されることはなかったのではないかと思われる。しかしながら、上述の通り、柳は経営者としての高い資質を有していたと考えられる。そこで、本書では、今まであまり顧みられることがなかった経営者としての柳を研究することを目的としたい。さらにこうした視点で柳を見ることで、民芸運動が柳の高い経営力によって、極めて合理的に運営されていたということを明らかにしていきたい。

一　先行研究と経営という視点

柳宗悦研究は、水尾比呂志、熊倉功夫、柳宗理、里見弴ほか、多数の研究者の努力によって編集された『柳宗悦全集』（筑摩書房）の発行により[8]、飛躍的にすすむことになった。ここでは、こうした先行研究を、柳個人についての研究、柳宗悦と民芸運動に関する研究およびその他の研究という三つに便宜上区分し、特に著書としてまとめられたものを中心に確認しておきたい。

第一に、柳宗悦個人についての、あるいは柳個人を中心的に扱った研究である。柳研究の第一人者である水尾比呂志による『柳宗悦[9]』、哲学者の鶴見俊輔による『柳宗悦[10]』は、それぞれ『全集』の刊行以前に書かれたものであるが、いずれも柳の思想についての考察も含めた優れた伝記的研究である。その後、水尾は、『全集』の編纂後に情報を加筆した『評伝　柳宗悦[11]』も著している。比較的最近では、松井健の『柳宗悦と民藝の現在[12]』、『民藝の擁護[13]』、中見真理の『柳宗悦―時代と思想[14]』、『柳宗悦――「複合の美」の思想[15]』などが柳研究の主な成果としてある。ほかにも、竹中均『柳宗悦・民藝・社会理論[16]』、伊藤徹『柳宗悦――手としての人間[17]』、土田真紀『さまよえる工藝――柳宗悦と近代[18]』、大沢啓徳『柳宗悦と民藝の哲学――「美の思想家」の軌跡[19]』等をあげることができる。

その中で、竹中均は「柳宗悦の魅力のひとつは、思想と実践の両方に深く関わったという点にある」と指摘している。[20] このうちの「実践」という点が、柳宗悦と民芸運動という第二の点につながっていく。この種の研究では、まず熊倉功夫が一九七八年に著した『民芸の発見』[21]をあげることができる。熊倉はのちに、熊倉功夫・吉田憲司編『柳宗悦と民藝運動』[22]を手がけているが、ここには十四人の様々な分野の研究者の「柳宗悦と民芸運動」に関する論考が収録されている。また、デザイン史を専門とする藤田治彦が編集した『アーツ・アンド・クラフツと日本』[23]においても、多数の研究者が、多角的に研究している。ほかに、岡村吉右衛門『柳宗悦と初期民藝運動』[24]や濱田琢司『民芸運動と地域文化』[25]などもここに加えることができよう。

第三に、上記以外の関連研究としては、例えば、高崎宗司の『朝鮮の土となった日本人――浅川巧の生涯』[26]をあげることができよう。同書において高崎は、柳の盟友だった浅川巧の伝記的研究の中で、朝鮮民族美術館の設立や光化門の保護に関する柳の業績にも言及している。このほか、鈴木禎宏も『バーナード・リーチの生涯と芸術』の中で、柳が展覧会を開催して経済的にもリーチを支援したことに触れている。[27]

こうしたなかで、例えば、多数の研究者が様々な論考を寄せている、『柳宗悦と民藝運動』や『アーツ・アンド・クラフツと日本』などを見ても、柳宗悦（あるいは民芸運動）と経営というテーマでの研究は見あたらない。

もっとも、「経営」という言葉は別としても、民芸運動を推進した柳の行動力やその資質については、しばしば指摘されている。例えば、マーティン・コルカットは「柳の際立った知性、エネルギー、文学的・芸術的洞察力、リーダーシップ」について触れ、「柳という人物がいなければ、民藝運動も日本民藝館もあり得なかった」と述べる。[28] また「主に柳が将来のビジョンと推進力を与え、集結された力を統率して彼ら〔民芸運動同人のこと〕を成功に導いた」[29] とし、そのリーダーシップを評価している。また、M・ウィリアム・スティールも「こうした矛盾する要素を結合し一つの運動としたのは柳の天賦の才であった」と述べている。[30] 高崎宗司もその著書の中で、「柳は理論家であると同時、実務家であった」としており、[31] 小畠邦江も「理論家としての評価が先行して見落とされがちであったが、柳宗悦の並外れた行動力は、民藝運動がローカルな運動に終止せず、全国的な広がりをもってゆくことにつながったと考えられる」[32] と述べている。柳自身も、『越後タイムス』を主宰した吉田正太郎宛の書簡で、「小生は論ずる事を行うとしているのです。望みを失いません、したい多くの事がむらがって迫って来てゐるのです」[33] と自らの行動力について述べている。また、熊倉功夫は「柳は単純な原則論者ではなかった。意図して多様な要素を内部に含みこみ、これを統率しえた人物である」[34] と柳のことを評している。

このように、「経営」という言葉は使われていないが、運動の推進を可能にする柳の特別な才能について指摘していた研究者は多い。とはいえ、これらの研究も、柳の「経営」を第一にとらえようとしていたわけではない。つまり、そのリーダーシップについてはしばしば言及されているにもかかわらず、経営者として民芸運動を推進した人物として、「経営」を正面に据えて柳を研究した著書、先行研究はないのである。そこで本書では、この点を検討する試みとして「経営者としての柳」という視点から、柳宗悦について考察してみたい。

ところで、『大辞林』によると、「経営」とは、「方針を定め、組織を整えて、目的を達成するよう持続的に事を行うこと。特に会社事業を営むこと。経営管理の対象については、企業だけでなく、組織集団全般をいう」と定義されている。[35] また、経営の対象について、金井壽宏は「経営は、会社だけの問題ではない。病院、学校、財団、球団、オーケストラ、NPO〔……〕などの非営利組織、政府や自治体をはじめとする公組織にも、経営は必要である」と述べている。[36] 斎藤毅憲も「経営は、どの組織体にも必要である」[37] と述べている。これらのことを考えると、この「経営」という言葉が、必ずしも、利潤を上げる企業のみを対象としていないことがわかる。「経営」は英語の「マネジメント management」に対応する。この「マネジメント」という言葉には「うまくやりくりする」という意味もある。それゆえ、経営というのは、「まさに限られた条件のなかで、利益を得る活動をうまくやりくりすることで」であり、「だから、経営者はマネジメント（またはマネージャー）と呼ばれる」といった指摘もなされるのである。[38]

ここで、一言にマネジメントといっても、例えば、大企業であれば、各種の階層が存在する。

斎藤毅憲は「トップ・マネジメントともいわれる経営者（社長、重役、取締役など）のもとに、ミドル・マネジメント（部長、課長）、ロワー・マネジメント（係長、主任、職長、グループ・リーダーなど）が位置している。〔……〕経営者の仕事が全社的・包括的であるのに対して、管理者のそれは担当分野が限定されている」と述べている[39]。民芸館や民芸協会など小さい組織の場合は、柳はトップ・マネジメントに加え、ミドル・マネジメント、さらにはロワー・マネジメントの役もこなさなければならなかったのかもしれない。いずれにしても、上述のように「方針を定め、組織を整えて、目的を達成するよう持続的に事を行ったこと」を経営とするならば、柳は、民芸運動推進のため、まさにこれを実施していた。

一般に経営は、経営の三要素たる「ヒト・モノ・カネ」をうまく活用することにより、推進される。柳も民芸運動推進のため、経営の三要素たるヒト・モノ・カネの三つ[40]の資源をうまく活用したように思う。そこで本書でも、この三要素を基軸としつつ、柳の経営の特徴を考察してみたい。

二　資料と研究手法について

本書では、ここまで述べてきたような視点に立って柳宗悦について考察を行っていくが、本節ではその際に活用した資料や研究手法について簡単に示しておきたい。活用した資料の第一は、柳が残した膨大な書簡である。柳は、非常に多くの書簡を出しており、かつその書簡の多くが残され『柳宗悦全集』に収録されている。膨大な量の書簡が、このように活用しやすい状態で残っている人物はそう多くないだろう。この書簡集の編者の一人である熊倉功夫も、「柳は手紙を通じて民芸運動の指導者の役割を果した」と述べ、柳における手紙の重要性を指摘しつつ、先にも触れたように、これによって「柳宗悦の民芸運動の理論と実態」を、「もう一度再構成」すべきと唱えている。(41) 本書では、第三章を中心に、論全体にわたってこの書簡を活用し、柳の実像の「再構成」を試みた。その意味で、本書は、熊倉の指摘を部分的ながらも実践したものでもある。

第二には、未刊行資料・未発表資料および地方において収集した関連資料がある。例えば、第五章では、柳の死後、柳の思想がどのような形で受け継がれ、民芸運動が推進されていったかを、大阪日本民芸館の設立の経緯などから検討したが、その際にいくつかの未刊行資料を活用した。また、第四章では、地方の郷土資料や地方の民芸運動同人による私家本を活用した。柳は多様な出自や属性を持つ民芸運動同人の協力を得て、民芸運動を推進してきた。それは中央でも地方でも同様であった。第四章では、柳が、一地方である富山県でどのように民芸運動を推進したかを検討した。富山県は、民芸運動の具体的な活動地域としては、これまであまり研究されていなかったが、その検討に郷土資料や私家本は、有用であった。

第三に、数名の人物への聞き取り調査である。その一つは、柳宗悦と直接交流のあった識者への聞き取りである。この聞き取りの内容は、具体的な資料になると同時に、論旨全体を考える上で大きなヒントになった。対象者の一人目は志賀直邦である。志賀は、「諸国民藝たくみ」の社長で、東京民藝協会の会長も務めている。一九三〇（昭和五）年生まれで、たくみの社長となり、三十年を超えている。志賀直哉の甥でもあり、そうした関係から柳宗悦の直接の薫陶を受けた数少ない人物であった。たくみは一九三三（昭和八）年に銀座で生まれた柳宗悦の肝いりの民芸店である。志賀は、この経営に長く携わり、主要な民芸運動同人である、濱田庄司（一八九四―一九七八）、河井寛次郎（一八九〇―一九六六）などとも多く接触していた、貴重な生き証人である。（本調査後、志賀は二〇二〇年九月十五日に逝去した。）

もう一人の聞き取りの対象者は、水尾比呂志（一九三〇―）である。柳研究の第一人者で、前日本民藝協会会長を務めた民芸運動界の重鎮である。東京大学の学生時代から、日本民藝館でアルバイトをし、柳の最晩年には、柳の秘書的な仕事をしていた。水尾は、日本民藝協会会長を二〇〇三年から二〇一一年まで十年近く務めた。研究者としても組織の人間としても運動体を支えた重要な人物である。一方、第二章で柳との比較対象として検討する梅棹忠夫については、永年にわたって梅棹の秘書を務めた三原喜久子および、梅棹と京都大学探検部以来の盟友で、国立民族学博物館の元館長の石毛直道（一九三七―）に聞き取りを行うことができた。

三　本書の構成

本書の構成とその概要について述べると、以下の通りとなる。第一章「柳宗悦と民芸運動――「経営」という視点から」では、民芸および民芸運動、柳宗悦および彼の経営について、柳が経営者として活躍した時期について検討しつつ、全般的に概説する。第二章「柳宗悦と経営――梅棹忠夫と比較して」では、研究経営論を書き、「民」に関する組織・施設を運営したという点で共通性を持っている梅棹忠夫の経営との比較を通して、柳の経営の特色を明らかにする。国立民族学博物館の初代館長であった梅棹忠夫は、組織のマネジメントに対して敏感であり、また高い経営能力を発揮しており、また経営について文章も残している。一方、柳宗悦については、先述の通り、その経営（手腕）について、明確に語られることは少ない。しかしながら、柳と梅棹の実践を見てみるとき、それなりの共通点があることにすぐに気付くことができる。例えば、ともに現在まで継続する博物館・美術館を創設し運営したことや、ともに「民」にまつわる活動をしたことなどである。そこで、第二章では、「経営」に対して比較的「饒舌」であった梅棹を研究することで、柳宗悦の「経営」についても、それを明確化することができるのではないかと考えた。具体的には、梅棹の『研究経営論』を基点として、両者を比較した。この比較をすることにより、柳の経営がより明確になったと思われる。

第三章「経営者としての柳宗悦の実践――組織運営・資金調達の視点から」では、その明確になった柳の経営を、経営の三要素のヒト・モノ・カネに分けて考察した。経営の対象としての民芸協会と民芸館の位置づけを明らかにするとともに柳の組織運営の実態について触れ、ヒト・モノ全般にわたる柳の経営の特質をさぐる。あわせて、資金調達や資金支出など、カネにかかわる経営の核心について考察し、さらに、柳の経営者像にも触れてみたい。

第四章「地方民芸協会設立・拡大による組織拡大――富山県を事例として」では、柳の経営における地方の事例として、富山県のケースを扱う。一九三〇年代以降の民芸運動は中央から地方への発展の歴史ということもできる。富山県はその典型例の一つであり、ここで柳がどのように民芸をひろめていったかを考察する。富山県は組織拡大のため柳が民芸運動の空白地域にアプローチした典型的事例であるにもかかわらず、富山県における民芸研究はあまりまとめられてこなかった。本章は、そうした空白を埋めるものであると同時に、柳の経営の実際や、地方での具体的な動きを示すものでもある。

第五章「受け継がれる柳の思想と大阪日本民芸館の経営――大原總一郎から弘世現へ」では、柳死後に設立された大阪日本民芸館の成り立ちを、未発表資料・未刊行資料を中心に検討する。一九三〇年代以降の中央から地方への拡大という歴史の中で、民芸運動の中核組織である民芸館も中央から、地方へと拡大していった。まず、一九二六（昭和十一）年に柳らが東京駒場に日本民藝館を創設する。柳の生前には、地方では一九四八（昭和二十三）年に倉敷で、一九五〇（昭和二十五）年に鳥取で、それぞれ民芸館が創設されている。本章では、柳の死後に大阪で創設された大阪日本民芸館の設立の経緯を考察することによって、運動の継続性とそれを支える組織化という点から、柳の経営の全体を照射しようとするものである。その際に、柳の思想を継承した人物として、いままであまり語られることがなかった大原總一郎から弘世現へという流れを踏まえて考察を行っている。

最後に、この五つの章の位置づけ・相互関係についても述べておく。まず、柳の経営の核心部分を検討しているのは、第三章「経営者としての柳宗悦の実践――組織運営・資金調達の視点から」である。第二章の「柳宗悦の経営――梅棹忠夫と比較して」は、第三章以降を導入するいわば「俯瞰的道筋」に相当する。他方、第四章「地方民芸協会設立・拡大による組織拡大――富山県を事例として」は、柳の経営の地域的・空間的継承を、第五章「受け継がれる柳の思想と大阪日本民芸館の経営――大原總一郎から弘世現へ」は、柳の経営が柳の死後も拡がりを持ったという時間的継承を、それぞれ分析するものである。以上のように、本論においては、柳の経営について、梅棹との比較や、その空間的・地域的・時間的拡がりを認識しつつ、多角的な分析を試みる。

おわりに

以上の諸章を通じ検討していくのは、柳が高い経営力を持っていたからこそ、民芸運動が隆盛し、今日まで継続できたのではないかということである。これまで、柳については、パトロンをつかむのが上手とか、資金調達が上手とか、といった言い方で、断片的に運営手腕について評価するものはあったものの、経営者としての柳について正面から言及されることはなかった。その意味において、本書では、新しい柳像の一つ、つまり「経営者としての柳」を提示しようとするものでもある。合わせて、このことを通じ、民芸運動の本質の一端についても明らかにしてみたい。

柳は何故、このような経営力を発揮したのであろうか。柳は多数の作品を蒐集したことで知られているが、それは、もちろん私腹を肥やすためでは決してない。柳一個人の蒐集欲を満たすためでもない。柳は、蒐集した作品はもちろん、建物・家具一切を、そして著作権さえも財団法人日本民藝館に寄贈している。柳は、民衆的工芸、すなわち民芸と名付けた日本固有の美の発見を一過性のものとしないで、永遠に継続させようとした。そのため、一時は自身が蒐集した民芸品を東京帝室博物館（現東京国立博物館）に寄贈しようとさえした。しかし、東京帝室博物館から何の反応もなく、実現には至らなかった[42]。その後、日本民藝館を建設してからは、時代に先駆けて財団法人を設立し、半永久的に継続させる基礎を築いたのである。財団設立後の柳は武内潔眞宛の書簡の中で「是で法人としての存在に入り、仕事も長くのこる事となり、大変嬉しく思います[43]」と率直にその喜びを語っている。

柳はこれまでに認識されたことのなかった美を発見し、これを継続するために、リーダーシップとそれに伴う経営力を発揮したのである。そのリーダーシップには二つの種類があると思う。一つは創設のためのリーダーシップであり、もう一つは継続のためのリーダーシップである。柳はこの「二つのリーダーシップ」と経営力とを発揮して、民芸を創り、民芸を守ったのである。

第一章　柳宗悦と民芸運動——「経営」という視点から

はじめに

本章では、本書における導入部として、経営という視点から柳宗悦と民芸運動について概観する。第一節では、まず、柳宗悦の略歴と、民芸とは何か、民芸運動とは何かについて触れたのち、第二節では、柳の経営実践の内容と、経営者として履歴について確認し、柳が経営者として最も能力を発揮した時期にも言及する。その際、若くして父、兄弟姉妹を次々に失くしていった、柳の家庭環境・事情についても述べる。そして、柳宗悦と民芸運動の全体像に加え、経営という視点から民芸運動を見直すとともに、そうした視点から柳の功績にも言及したい。

一　柳宗悦と民芸

柳宗悦は、大正から昭和にかけて活躍した宗教哲学者・思想家・啓蒙家で、民芸の美を発見し、民芸運動を推進した人物である[1]。

柳は、一八八九（明治二十二）年、海軍退役少将である柳楢悦（一八三二―一八九一）の三男に華族として生まれる。父が紀尾井町（現東京都千代田区）に五千坪の土地を所有するなど、裕福な家で生まれ育った。学習院の初等学科、中等学科を経て、一九〇七（明治四十）年、学習院高等学科に進学し、鈴木大拙等に学ぶ。一九一〇（明治四十三）年、東京帝国大学に入学し、哲学を専攻する。これらの在学中に、志賀直哉、武者小路実篤らと『白樺』を創刊すると、柳は、その編集において中心的役割を担う一人となった。柳が中心となって企てた白樺美術館は実現しなかったが、その後、浅川伯教らとの出会いを機に、朝鮮陶磁器・朝鮮の美に興味をいだき、朝鮮をたびたび訪問するようになる。そうしたなかで、朝鮮総督府庁建設にからんで取り壊されようとしていた光化門の保護や、白樺美術館に次いで構想された朝鮮民族美術館の設立に関わった。一九二一（大正十）年には、「朝鮮民族美術館の設立に就て」という文章を、『白樺』（一二―一、一九二一年一月）に掲載し、これに相前後して、浅川巧と協力しながらその実現にむけて、精力的に活動していった。そして、一九二四（大正十三）年、朝鮮総督府の斎藤實と交渉し、景福宮の一部を借りて、朝鮮民族美術館の設立を実現している。朝鮮民族美術館は、柳が主体となってつくった初めての美術館であった。

その後、木喰仏(2)に興味を持って日本全国を調査するなかで、地方に残る手仕事・実用品に新しい美を発見する。一九二六（大正十五）年には、「日本民藝美術館設立趣意書」を発表し、これらの手仕事・日用雑器を、「民衆的工芸」の略語とされる「民芸」と名付け、濱田庄司、河井寛次郎等とともに、民芸運動を推進した。柳は、その中心的組織として、まず日本民藝協会を一九三四（昭和九）年に立ち上げ、さらに一九三六（昭和十一）年には日本民藝館を設立した。この時期、民芸運動は最盛期をむかえ、日本の文化活動の一角を担うまでの存在感を示すことになる。

ここで、民芸および民芸運動について簡単に触れたいと思う。民芸とは、さきに述べたように、民衆的工芸の略で柳たちの造語である。柳はこれについて、次のように述べている。

民藝品は民間から生まれ、主に民間で使われるもの。したがって作者は無名の職人であり、作物に別に銘はありません。作られる数もはなはだ多く、価格もまた低く、用いられる場所も多くは家族の住む居間や台所。いわゆる「手回り物」とか「勝手道具」とか呼ばれるものが多く、自然姿も質素であり頑丈であり、形も模様もしたがって単純になります。作る折の心の状態も極めて無心なのです。とりわけ美意識等から工夫されるものでありません。材料も天然物であり、それも多くはその土地の物資なのです。目的も皆実用品で、直接日々の生活に必要なものばかりなのです。製作の多くは組合。これが民藝の世界なのです。(3)

柳宗悦は、無名の職人によってつくられた日用雑器に驚くべき美を発見した。それらは、制作年代という観点からすると、室町時代から江戸時代のものが、中心となる。また、その制作場所という点からは、柳の新しい美の発見はまず、朝鮮からはじまり東北、沖縄、さらに後には北海道など、日本の各地に拡がった。民芸運動とは、この「民芸」の美を普及させようとした啓蒙運動であった。この運動について、濱田琢司は次のように述べる。

柳宗悦という思想家が中心となって大正末期に創始された民芸運動は、すでに衰退の途上にあった地方の日用雑器を、産業化・量産を達成すべき日用の消耗品でなく、美の対象として再解釈し、それらを「民芸」と名付けて、主に都市における嗜好品として価値づけた。(4)

実際に柳は、バーナード・リーチ、濱田庄司、河井寛次郎等との親交の中で新しい美の思想を確立し、民芸運動を推進していったのである。

柳は、「物と宗教」という文章の中で、民芸の特性について、「無銘品であること」「職人の作であること」「実用品であること」「多量にできたものであること」「美しさ等をねらったものではないこと」の五つをあげている。[5]

このように日用の雑器の中に美を見出した柳の思想は日本独自のものとして独創的であった。柳の民芸理論が、ウィリアム・モリスの思想の模倣であるという主張もあるが、妙好人を関連付けた仏教を根拠に論を展開する点など、モリスとも異なる独創性を持つものであったと評価できるだろう。

では、この美の問題がなぜ経営に結びつくのであろうか。まず、経営について柳がどのように考えていたのかを考えてみたい。

二　柳宗悦の経営――経営者としての柳の遍歴

「経営」とは、序章においても示したように、「方針を定め、組織を整えて、目的を達成するよう持続的に事を行うこと。特に会社事業を営むこと。経営管理の対象については、企業だけでなく、組織集団全般」を示す言葉である。[6] こうした定義を踏まえれば、民芸運動も経営と不可分であることがよくわかるだろう。では、柳は経営ということに対して、どのように考えていたのだろうか。柳は、直接触れてはいない。しかし、その経営観を推測できるような文章や言葉は、いくつか残っている。例えば、自身が設立に関与した民芸店「たくみ工芸店」の意義について、次のような文章を残している。

わたしはかつてウィリアム・モリスが、なぜ店を持つような世俗的な仕事までしなければならなかったかを訝った事がある。しかし今日ではそれが彼の有機的な一部で、必然的な発展なのだという事を私自身で味わうようになった。(7)

たくみというのは、柳らの発案で、一九三四(昭和九)年に銀座(8)につくられた民芸品の販売会社であるが、ここで柳は、運動の展開には、販売用の商店という世俗的な活動も不可欠であることを明示しているのである。

また、一九三三(昭和八)年二月九日の武内潔眞宛の書簡には、「方針を立て組織さえ作れば倉敷の民芸も充分発展の見込みがある」とある。(9) 武内は、大原美術館の初代館長であり、運動の支援者の一人であった大原孫三郎の代理として柳と様々な交渉に当たっていた。この書簡の直後、大原から十万円の寄付があり、日本民藝館が創設されたという経緯がある。この書簡からは、柳が合理的で効率的な経営を軽視していたわけではないことがわかる。もっと言えば、民芸運動における経営ということに敏感であったことを示唆していると思われる。

おおきく分けて、柳の経営には三つの側面があると思われる。このことについて、ここでは、しばしば経営の三要素とされる「ヒト・モノ・カネ」[10]という視点から、その実践を紹介する。

第一は、ヒトに関することである。柳は、書簡を梃子にしてネットワークを築き、多種多様な職種の民芸同人や財界人、官僚をうまく活用して、民芸運動を推進・継続し、法的根拠も経済的基礎も持たない民芸協会という組織の維持・拡大を実現した。柳は一九三四（昭和九）年六月十七日付外村吉之介[11]宛の手紙の中で、「今度日本民藝協会成立、一切の仕事をここで統制したく、今月より雑誌も聚楽社を離れ目下その仕事にて多忙也」とし、民芸協会を中心として民芸運動を推進する方針を明らかにしているが[12]、この運営には柳が築いたヒトのネットワークが大きく寄与していた。この点は、第二章で後述する、梅棹の梅棹サロンや近衛ロンドとも類似している。

第二は、モノに関することである。それは、民芸館という非営利・協同組織たる館と財団法人を経営したことである。柳は一九四六（昭和二十一）年九月二十九日の武内宛の書簡の中で、「今後の民芸運動は一切を民芸館中心と致し協会も、工藝も、たくみも皆ここで統一するようにしたき心組です」と書いている。柳は、財団法人を設立し、民芸館の土地建物、柳が蒐集した作品および書籍を財団法人日本民藝館に寄付して、柳家の相続の対象外として、民芸運動の継続性を担保しようとしている。

第三は、カネに関することである。柳は、民芸運動の資金の調達に抜群の才能をみせた。柳は、財界人である大原孫三郎・大原總一郎親子(13)、山本為三郎、中田勇吉、川勝堅一などと手紙を梃子として人脈を築き、その人心把握力で支持を獲得して、多額の援助を引き出している。加えて、民芸同人でもあった個人作家の濱田、河井、棟方らからは、作品の提供という形で協力を得た。また、声楽家であった兼子夫人は音楽会を通じて資金協力している。このほか、一般の人からも広く寄附を得ており、国からの援助なしに、民間主導で民芸運動を推進できた理由の一つに、柳の抜群の資金調達力をあげたい。

三　経営者・柳宗悦の終焉

まず、経営者としての柳の遍歴、すなわち、経営者としての柳の誕生と終焉について触れたい。柳は、六本木に五千坪を所有する裕福な家に生まれたことは、冒頭でも述べたが、その後の柳は、経済的な意味で恵まれた環境が継続したとは、必ずしも言えないようだ。まず、次姉多鶴子は、柳が生まれる前の一八八六（明治十九）年に亡くなり、次に父楢悦《ならよし》が一八九一（明治二十四）年、柳が二歳の時亡くなっている。一九一六（大正五）年、柳が二十七歳の時、次兄の海運事業の失敗により大国銀行から柳家の預金が引きだせない事態に陥る。このあたりの詳細は第三章で述べる。一九一七（大正六）年、柳が二十八歳の時、妻の兼子夫人の実家の中島鉄工所が倒産する。一九二〇（大正九）年一月、柳三十歳の時、次兄の楢喬《ならたか》が亡くなる。一九二一（大正十年）八月、柳三十二歳の時、妹今村千枝子が亡くなる。一九二三（大正十二）年九月、柳三十四歳の時、長兄悦多《よしさわ》が関東大震災で亡くなる。柳は六人いた兄弟姉妹のうち長姉の直枝子以外の四人に先立たれ、一九三五（昭和十）年、柳が四十六歳の時、柳家の一切の責任を負う立場となり、駒場に母勝子と同居することになる。

このように、柳は当初三男として生まれながら、その後、柳家を背負う責任ある立場になった。そんな柳は、金銭的にも親族関係においても、研究者として専念することができないような環境となった。しかし、そんな環境が、経営者としての柳の成長を促したと言えなくもないようだ。

次に、柳が経営者として、特に能力を発揮した期間について考えてみたい。柳の経営力は、一時に醸成されたものではない。民芸運動の創始までにも、雑誌『白樺』でのアートディレクターとしての役割や、リーチの展覧会を主催したことなどによるノウハウの蓄積があったと思われる。そして、そうしたものの代表的な一つに朝鮮民族美術館の設立がある。

一九二〇（大正九）年から一九二四（大正十三）年に、この朝鮮民族美術館設立に向けて、柳がどのような活動していたのかを李尚珍の論文(14)から引用すると次のようになる。

・一九二〇（大正九）年　兼子夫人音楽会（七回）
・一九二一（大正十）年　兼子夫人・伴奏者前田美根子の音楽会（京城、開城、平壌、鎮南浦などで七回）
講演会「朝鮮民族と芸術」「宗教の世界」「朝鮮人為対する実感」（七回）開催
・一九二二（大正十一）年一月　京城の冠岳山窯跡調査
講演会「ウィリアム・ブレークの絵画」「ブレークの詩歌」「ウィリアム・ブレーク展覧会」開催
・一九二二（大正十一）年九月　京畿道分院里窯跡調査
講演会「中世における基督芸術に就て」「古代陶磁について」「李朝陶磁器展覧会」「中世基督芸術展覧会」開催。
・一九二三（大正十二）年十一月　兼子夫人音楽会（四回）
講演会「宗教に就て」「罪意識に就て」「死と御救とに就て」「絵画の変遷に就て」浅川の対馬宗家所蔵の朝鮮陶磁器の調査（日本と朝鮮の陶磁の比較研究、のちに『釜山窯と対州窯』彩壷会、一九三〇年発行）
・一九二四（大正十三）年三月　兼子夫人音楽会開催（四回）

音楽会等は朝鮮民族美術館設立の資金調達のために実施されたのである。このように、兼子夫人の協力も得て、朝鮮民族美術館設立に向け、柳は精力的に活動していることがわかる。同時に、講演会のテーマが各回で変わっていることからは、柳の幅の広さをうかがうこともできる。

柳は、朝鮮総督府の斎藤實と直接交渉し、一九二四（大正十三）年にこの美術館を設立することに成功した。斎藤からも、美術館に対して一九二二（大正十一）年に百五十円の寄付を引き出している。[15] 柳の経営力は、美術館設立の実現に向けたこうした交渉などを通して、培われていったものと思われる。柳は、自らが初めて手掛けるこの美術館の創設において、資金の調達から、展示、運営維持、あるいは官僚を活用することまで、様々なノウハウを蓄積したのではないか。そしてこうした経験によって、経営者としての柳が大きく成長したのではないだろうか。ただし、「美術館の館長や管理者などの具体的な組織を示すものはなかったようである[16]」との指摘があるように、この段階においては柳の経営力は途上であったかもしれない。

その後、柳は、一九二六（大正十五）年の「日本民藝美術館設立趣意書」の執筆からはじまり、雑誌『工藝』の創刊、日本民藝館の設立と館長への就任、財団法人設立、日本民藝協会、地方民藝協会設立、たくみ設立などに動く。民芸運動を推進するために、さまざまな組織の体系化をはかっていくのである。このあたりから、民芸運動に対して、組織経営者としての柳の能力は、本格的に発揮されはじめたと考えられる。

第二次世界大戦を経て、一九四六（昭和二十一）年には、地方民藝協会が新たに五支部組織され（松本、富山、京都、岡山、栃木）、それまでに設立されていた地方協会や日本民藝協会、および日本民藝館を含め、民芸運動は、その体制として一応の完成の時期を迎えたと言える。そして、こうした状況を受けて、経営者として活躍する柳は終焉を迎える。そのおよその時期は、『美の法門』を書いた一九四八―四九（昭和二十三―二十四）年ごろではないかと思われる。第二次大戦中、柳は疎開せず、東京駒場の日本民藝館および、収蔵品を爆撃から守るべく奔走する。結果、奇跡的に、それらは被害を免れる。しかしその一方、新潟に疎開していた長男宗理の嫁八重子を腸チフスで失う。かわいがっていたようで、柳は様々の書簡の中で、その悲しみを隠すことなく吐露している。空襲に備えた奔走と嫁の死という二つの出来事は、柳の心身に相当ダメージを与えたのではないか。事実、戦争時の対応の疲れか、戦後すぐ柳は病気で寝込んでいる。その後、一九四九（昭和二十四）年には、柳は、所有する家屋や作品をすべて、民藝館に寄贈する。寄贈の際、柳は、「感謝」という文書をつけて、これを表明している。[17] 寄贈の件は、柳の一存で妻や子への相談は一切なく、一方的な「通告」であったようである。[18] 以後柳は、美と宗教の思想家としての傾向を強めていき、還暦記念として私家本『美の法門』も同年に上梓している。

おわりに

このように見ていくと、柳が経営者として活躍した期間は、朝鮮民族美術館設立を構想する一九二〇年前後から還暦となる一九四九年頃まで（年齢でいうと三十歳からおよそ六十歳）と想定してもいいのではないか。志賀直邦は、還暦という節目を迎え、全面的に宗教哲学の研究に移行していった柳について、壽岳文章が「柳先生が晩年、民藝の宗教性に沈潜して民藝の社会性への探求が薄らいだ」と指摘していることを紹介している[19]。柳自身も一九五五（昭和三十）年三月六日の外村吉之介宛の手紙の中で、病身では交渉事は難しいと、外村の上京を促しており、経営への意欲減退を率直に述べている[20]。

とはいえ、柳は、およそ三十歳から六十歳という心身ともにもっとも脂の乗った時期に、高い経営能力を発揮し、政府の援助をうけずに、民間だけの運動として、今日まで続く文化運動の基礎固めをしたのである。その功績は果てしなく大きいと思う。この経営者としての柳に関して、柳と対比して、国立民族学博物館の創設および基礎固めに尽力した梅棹忠夫の経営について次の章で考察する。その中で、二人の経営に共通するものを検証したい。

また、一般に経営は経営の三要素たるヒト・モノ・カネをうまく活用することにより、推進される。柳も民芸運動推進のため、経営の三要素たるヒト・モノ・カネの三つの資源を活用したように思う。そこで本書では、この三要素を基軸に、まず次章では、柳と同じ「民」の分野の研究で大きな功績を残し、柳と同じ新たな「館」を創設した梅棹忠夫と柳との比較を通じて、柳の経営の特徴を明らかにしてみたい。

第二章　柳宗悦と経営——梅棹忠夫と比較して

はじめに

既に述べたように民芸運動については、民芸館の運営維持や、全国組織の民芸協会の発展・拡大が目指されてきたが、その運営には困難が伴う。したがって、そのマネジメントというのが、極めて重要と考えられる。ところが、運動に関して、このマネジメントに関する研究がいままで行われなかった。筆者は柳宗悦の書簡を分析するなかで、柳の経営者としての卓越した能力に気がついた（それは、筆者が、二〇〇七（平成十九）年から二〇一六（平成二十八）年まで大阪日本民芸館で常務理事として勤務していたことも関係していたのかもしれない）。柳宗悦研究を進める過程で、常にこの点、すなわち、柳宗悦のマネジメントという点が気になっていた。そんな折、国立民族学博物館の初代館長であった梅棹忠夫が、組織のマネジメントに対して敏感であり、高い能力を館の経営に発揮していたということ。さらに、その経営についていくつかの文章を著していることを知った。

一方、柳宗悦については、先述の通り、その経営（手腕）について、明確に語られることは少ない。しかしながら、柳と梅棹の実践を見てみるとき、そこにそれなりの共通点があることにもすぐに気づくことができた。例えば、ともに現在まで継続する博物館・美術館を創始し運営したことや、ともに「民」にまつわる活動をしたことなどである。そこで、筆者は、「経営」に対して著書も著しており、比較的「饒舌」であった梅棹を考察することで、柳宗悦の「経営」についても、それを明確化することができるのではないかと考えた。結果、梅棹と柳を比較することによって、経営者としての柳の全体像がみえ、本章は、本書全体の中で、俯瞰的道筋という位置付けにもなった。

これまで、何故かこの両者が比較検討されることがなかったのではないか。しかし、先にも述べたように、特に柳宗悦の経営という問題を考える上で、この二人の比較は、それなりの意味を持つ可能性がある。本章を通して、その可能性の一端を示したい。

以下、まずは、両者を結ぶ共通項の一つである「民」という事象について、柳・梅棹のそれぞれと比較されたり、合わせて言及されたりすることのある、柳田國男と渋沢敬三とを交えつつ、検討する。その上で、柳・梅棹双方の「経営」について確認し、両者の共通点と相違点をさらに探っていきたい。

一　柳田國男と柳宗悦と梅棹忠夫と渋沢敬三――「民」をめぐる施設をつくった四人

「民」をめぐる施設をつくった四人

柳宗悦が民芸運動をおこし、日本民藝館を創設した時期は、ひろく「民」が注目されていた時代でもあった。神奈川大学日本常民文化研究所の佐野賢治は、「明治維新以来の日本近代化の諸矛盾」が露呈してきた大正末期から昭和の時代に、近代化に対して伝統的な生活文化を見直し再評価しようという動きを「民の発見」として、そうした発見に関わった人物を挙げている。民俗の柳田國男（一八七五―一九六二）、民家の今和次郎（一八八八―一九七三）、民謡の町田嘉章（一八八八―一九八一）、民芸の柳宗悦（一八八九―一九六一）、民具の渋沢敬三（一八九六―一九六三）、民俗芸能の本田安次（一九〇六―二〇〇一）、民話の木下順二（一九一四―二〇〇〇）の七人がそれである。(1)

ただし、ここでの「民」にもう一人加えたい人物がいる。それは「民族学」に関わる人物である。飯島吉晴は、民俗学と文化人類学（民族学）は、最も関連の深い隣接した学問分野で、「文化人類学は戦前までは一般に民族学と称され、現在もこの学問の全国規模の中心的な学会組織は日本民族学会であり、大阪の千里には国立民族学博物館が設立されているように、民俗学と文化人類学＝民族学の関係はむしろ『二つのミンゾクガク』として論じられていることが多かった」と述べている。[2]この「民族学」には多くの先人達がいるが、ここでは、少し時代が下るが、渋沢のアチックミュージアムのコレクションも継承している国立民族学博物館の初代館長の梅棹忠夫（一九二〇—二〇一〇）をこの系譜に連なる人物として取り上げたい。佐野が指摘した七人に梅棹を加えた、この八人の中で、研究所や博物館、美術館といった施設を残した人物が、四人いる。柳田國男、柳宗悦、梅棹忠夫、渋沢敬三の四人である。経営という問題を考えるとき、実際の組織や施設の運営というのは、重要な視点となる。ここではまず、この四人に注目し、それぞれが設立した施設とは何か、創設者の生年順に確認してみたいと思う。

一人目は柳田國男である。張修慎は「柳田の民俗学は一般日本人の生活文化を、その歴史の変遷を含めて体系的に明らかにしようとしたものである」[3]と述べ、柳田の功績についてふれている。柳田は、「一国民俗学」という知の世界を構築するとともに、民俗学研究所を一九四七年に自宅の書斎に創設する。しかし、後にこの民俗学研究所は柳田の意向もあって閉鎖されている。[4]飯島はこのことについて、「一九五七年に、日本民俗学会の活動を中心になって支えてきた民俗学研究所は、研究体制が軌道にのったところで、学問上の問題のほか、民間研究機関ゆえの財政問題もあって、閉鎖に追い込まれた[5]」と述べている。

二人目の柳宗悦は、次章以降において詳述するように、民芸運動をおこして、現在も続く日本民藝館を創設する。

三人目は、渋沢敬三である。渋沢は、一九二一（大正十）年、アチックミュージアムを創設する。田村善次郎は渋沢のことを「アチックミュージアムを主宰し、民俗学、水産史の分野で多くの研究者を育て、また日本における民具研究の礎を築いた。と同時に、日本民族学の発展を側面から支えてきた、日本では稀にみるスケールの大きな文化人であった[6]」と評している。だが、「昭和十七（一九四二）年、アチックは、戦時下という状況もあって日本常民文化研究所と改称されたが、まもなく休眠状態に入らざるをえなかった[7]」と言う。

四人目が、梅棹忠夫である。梅棹は「文明の生態史観」を提唱した民族学者であり、同時に国立民族学博物館の創設に尽くし、初代館長に就任している。渋沢敬三のアチックミュージアムの蒐集品は、国立民族学博物館に引き継がれ、その主力コレクションとなっている。

この四人は、近代以降の日本文化研究の中で、それぞれ新しいパラダイムを打ち立てるとともに、博物館・美術館・研究所などの「民」にかかわる施設を作っているのである。このうち、柳宗悦と梅棹忠夫が作った日本民藝館と国立民族学博物館は現存する。この二つの施設が現存するのは、様々な要因があるだろうが、一つには二人のマネジメントの力によるものではないかと筆者は考えた。創ることよりそれを維持することは、より困難が伴う。しかも、それは優れて経営力に依存する。したがって、この二人の経営力を分析することは今日的な意味があると言えるのではないだろうか。

一方、柳田國男の民俗学研究所は閉鎖されている。先述の通り「民間研究機関ゆえの財政問題もあって、閉鎖に追い込まれた」というが[8]、自らの意向で閉鎖されたようで、継続への意思や実践という点には弱さを感じる。一方の、渋沢敬三のアチックミュージアムも閉鎖され、その蒐集品は、国立民族学博物館に引き継がれて、同館の主要コレクションの一つになっている。渋沢は、そもそも経営者であるが、アチックミュージアムをはじめとした学術の場においては、自らの経営力を発揮するというより、支援する立場にあり、アチックミュージアムについても、この運営において経営者としての能力を発揮したとは言えないように思う。佐野も、渋沢のことを「自らは第十六代日銀総裁、幣原内閣の大蔵大臣まで務めた経済人でありながら、学問を陰で支える裏方として、第一線級の資料を学会に提供、また、各種の援助を行った[9]」と述べ、渋沢の立つ位置について言及している。

四人の関係

他方、この四人の実際の関係はどうであったか。以下、柳との関係を中心として、これら四人の関係について簡単に触れておきたい。

柳宗悦と柳田國男については、一九三九（昭和十四）年に会談していることが記録に残っている。[10] すれ違いの会談であったとも言われるが、むしろ実証学と規範学という視点の違いがあきらかになって、大変興味深い。当日の対談では、民俗学は実証学で、民藝は規範学であると両者の見解は一致している。とりわけ、柳田が、「しかし、柳さんにおたずねしますが、いまこういうふうに民芸館に集められた古い工芸品が、もう一度新しい民芸としてあらわれてくる時代があると信じていられるのですか」と発言し、それに対し、柳が「われわれはおそかれ早かれ将来において、そうしたものがあらわれると信じています」と答えている部分からは、両者の立場の違いがより明確になっている。[11] この二人の関係については、一定の研究蓄積が見られる。例えば、吉田憲司は、民俗学は実証学、民芸は規範学と明確に定義づけ区分している。[12] また、笹原亮二も先の柳田國男と柳宗悦との会談をとりあげながら、会談の意義と両者の関係性について考察している。[13]
また、ここで取り上げる梅棹忠夫自身も、柳と柳田のことに言及している。梅棹は、「民衆の工芸における柳宗悦の存在は、民衆の文芸における柳田国男に対比できるかもしれない」とし、「柳田の仕事は、口と耳をとおしての日本文化の発見であったとすれば、柳の業績は、眼と手をとおしての日本文化の発見であった」と述べている。さらに、「柳田の国学の方法が輸出可能であるように、柳の民芸運動もまた、国際的な適用性をもつのであろう」とその国際性に言及している[14]。

柳宗悦と渋沢敬三との関係については、あまり知られていないが、一九四二年、柳が渋沢を東北の手仕事調査のため、山形県の積雪地方農村経済調査所に誘ったことがあり[15]、渋沢は実際に同行したようである。その結果、一九四三（昭和十八）年二月七日に東京学士会館で「民芸の会」が結成され、渋沢はそのメンバーとして名をつらねている。

次に、柳と梅棹との関係であるが、両者は直接会ったことがないという[16]。世代が若干異なり、直接の接触もなかったため、この二人の関係についての先行研究はない。梅棹の秘書であった三原喜久子によれば、梅棹は、柳のことを高く評価していたという。日本民藝館五十周年を記念して発行された『柳宗悦全集』の発行記念にも、次のような推薦文書を寄せている。

柳宗悦は、われわれ民族学者からみても、きわめて注目すべき存在である。民族学における主要な研究対象は、名もなき民衆が形成し、伝承してきた日常的な文化であるが、柳宗悦は、日本民衆の工芸文化を、大量に、しかも、衝撃的なかたちで、認識の地平にひきずりだしたからである。

民衆の工芸における柳宗悦の存在は、民衆の文芸における柳田国男に対比できるかもしれない。柳田が、民間伝承の会をひきいて主として口承文芸の研究を推進したように、柳は民芸運動の指導を通じて、民衆の工芸美学を確立した。柳田の仕事は、口と耳をとおしての日本文化の発見であったとすれば、柳の業績は、眼と手をとおしての日本文化の発見であった。柳田は、日本民衆の精神世界の探求をもって、あらたなる国学と名のったが、柳の発見は、日本民衆の器物工芸における美意識の体系化であった。それは、あらたなる国学に対する、あらたなる国民芸術の確立ではなかったか。

柳によってもたらされた美意識の変格は、日本文化の内部にとどまるものではない。かれによる朝鮮、沖縄、アイヌの諸文化の評価は、それまでの固定的な価値観からの解放をもたらした。柳田の国学の方法が輸出可能であるように、柳の民芸運動もまた、国際的な適用性をもつのであろう。

柳によって設立された日本民芸館は、既成の王侯貴族の宝物庫ではない。それは、未発見の民衆美学の展示場であるとともに、あたらしい国民工芸の規範をしめす教室ともなった。柳の民芸運動が、それ自体、絶対化、固定化をたどる危険性をはらみつつも、美意識の相対化のためにはたした功績は大きい。

その柳宗悦の全著作が、定本版の形で刊行されるという。じゅうぶんにとらえにくかったこの巨人の全貌があきらかにされるであろうと、おおいに期待してまとう。[17]

梅棹は柳をまず、あらたな国民芸術の創立者であると評価し、柳田國男に対比すべき、極めて注目すべき存在として、高く評価していることがわかる。[18] 梅棹はまた、民芸館についても言及している。梅棹は、民芸を「ミンパク」のガラクタ収集までの中間段階と位置付け、次のよう述べている。[19]

朝鮮半島で日常に使っている雑器、これに美を発見したのが柳宗悦です。朝鮮半島の雑器における美の発見、これが民芸運動のひとつのきっかけになるのです。そういう民衆の使っている、ほんとうにつまらない雑器に美があることを発見して、その運動が全日本に浸透していく。これがいわばわれわれの「ガラクタ」収集につながる、ひとつの中間段階であったようにおもわれます。[20]

これに続けて、梅棹は、「しかし、これはあくまでも民間の芸術運動であって、国家がそれを支持するようなことはありませんでした[21]」と述べる。このことから、梅棹が、国立博物館での「ガラクタ」収集を、柳らが先鞭をつけたものの到達点として考えていることがわかる。このように考えると、経営という関心にかかわらず、民芸を創始した柳を研究するために、梅棹を研究することが有用で、意義があることだろう。

一方、佐野賢治は、柳宗悦と渋沢敬三と柳田國男の三人と直接関係のあった有賀喜左衛門（一八九七―一九七九）の「何人も見るべくしてみなかった日常平凡の事象の中に生活の基本があることを指摘した点で共通していた[22]」という言葉を引用したうえで、柳宗悦と渋沢敬三と柳田國男との三人の関係を、その対象とする領域、性格から検討している[23]。それによると、共通していた三人の収集の範囲は、柳田の民俗∨渋沢の民具∨柳の民芸、という順で狭くなっていると考えることができるという。ここに梅棹の民族を、さらに加えるとすると、それは、世界的な対象という意味で、柳田の民俗を含みこむ、より広義のものとなるだろうか。さらに、先の「中間段階」という視点でいくならば、民間であった柳田、渋沢、柳の活動は、いずれも、「ガラクタ」収集の中間段階ということになる。このようにして考えると、梅棹が、これら「民」の系譜において重要な位置を占めていることがわかる。本論では、このようなことを念頭に柳と梅棹とを比較してみた。

もう一つ、梅棹を比較対象とすることの意味は、柳田國男と柳宗悦と梅棹忠夫と渋沢敬三の四人の中で、梅棹のみが、「経営」のことを本格的に論じているからである。以下、梅棹による経営論である『研究経営論』に注目し、この論考をもとに、梅棹の経営研究の中味と、経営者としての梅棹と彼の経営に対する考え方を第二節で述べたい。そして、第三節において、二人の比較を行う。

二　梅棹忠夫と経営――学術研究における経営と国立民族学博物館

梅棹忠夫は経営についてどのように考えていただろう。柳とは違い、梅棹は『研究経営論』（一九八九）という著書をあらわし、その考えを明らかにしている。同書が収録された自身の著作集の冒頭で、梅棹は「現実に研究所などの管理運営にたずさわってみると、そこには企業の経営にも類似した事象がたくさんあるのに気がつく。一般に、研究という業務には、経営ということばはそぐわないようにおもわれているが、じつはこれは、はっきりと経営の問題なのである」と述べている[24]。

そして、梅棹は、その萌芽は、『日経新聞』に連載した「私の履歴書」において、「実務感覚はわかいころのエクスペディション（海外学術調査[25]）」、「探検部時代」にあるとし、その時代に培った実務能力の重要性を次のように説いている。

学術研究を遂行してくうえに、企業の経営にも似たさまざまな問題がいっぱい出てくる。研究の企画、研究者たちの組織、その運営、資金及び資材の調達、必要な空間及び機材の設営、成果物の産出、その点検、そして社会へのおくりだしなど、これらの一連の過程は、企業の経営と学術研究とのあいだでかなりの類似性がみられる。[26]

また、「研究者は同時に経営者でなければならない」とも述べる。[27] それは、研究も、その「研究規模が拡大することによって、組織的なものになりつつあり」、「研究者としても、密室における孤独から脱して、研究の経営論ないしは組織論をかんがえてみなければならないときがきている」からであると言う。[28] このように研究における経営がなぜ重要になってくるかを明確に梅棹は述べている。本節では、同書での議論を中心に梅棹の経営論を、やはり「ヒト・モノ・カネ」という視点から検討してみたい。

ヒトに関する梅棹の経営

まずあげられるのが、講座制の廃止と業績公示システムの構築である。それは、「安定退廃現象」による学問的活力の低下を阻止するための競争原理の導入であった。梅棹は、「一般に、人間は生活水準が一定の段階にいろいろ要求もし、努力もするが、要求がほぼ充足され、生活が安定すると、だいたいにおいてなにもしなくなるようだ。衣食たりて退廃をしるのである」とし、[29]

これを「安定退廃の法則」と呼んでいる。これを防止するため、梅棹は数々の提案をした。梅棹は、「安定退廃」の原因の一つとして、「大学内部における評価システムの欠如ということにもとめられるのではないか」と指摘する。[30] 一般企業であれば、さまざまなインセンティブがはたらいているが、大学ではそうでないという。[31] 梅棹は、こうした状況を生む諸悪の根源が、独善に陥りやすい講座制であると考えたのである。[32] 国立民族学博物館に、共同研究室などを設けたのも、ここによるところが大きい。

小松左京の元秘書の乙部順子より次のようなエピソードも得た。「小松左京氏と同行して、梅棹氏のところへ行ったとき、研究者毎の著作が、並べてあった。学術論文は入っていない。これをみると、研究書論文以外にも、概論・啓蒙書などの本もたくさん書いておけという梅棹さんの指示を表すシステムであったように思う」というのである。また、給与と論文の原稿枚数との相関を個人毎に開示している。これをみた国立民族学博物館の研究者は刺激をうけたはずである。この業績開示システムは業績棚とよばれ、上位五人くらいのヒトは特に意識していたという。司馬遼太郎の原稿料と比較してどうかとか当時よく言われたとのことである。[33] このシステム・伝統は現在でも、国立民族学博物館の図書室で受け継がれている。

梅棹は、人事のありかたについても、端的に、「昇進基準は、年功序列ではなく、実績を重視する」とし、その際には、「学位をとること、専門の著書を公にすること、このふたつがおおきな柱になると思います」と述べている[34]。

梅棹が、部下に要求したことは、左記の二つである。あたりまえのことではあるが、当時としては厳しく受け取られたようである。

一つ目は、研究の計画性の要求である。梅棹は、「各個研究といえども、国立民族学博物館の公式活動として、研究企画委員会が認定した以上は、申請者にはその研究プロジェクトを遂行し、完成させる責任があることを忘れてはならない。そのためには、十分な計画性をもって研究にとりかかり、着実にその研究を完成させるように努力しなければならない[35]」とし、計画的な遂行の重要性を述べている。

図1 国立民族学博物館梅棹資料室に掲示される梅棹忠夫の写真（資料提供同室）

二つ目は、実務能力の要求である。梅棹は、「研究にはそのほか、さまざまな事務的な仕事がいっぱい付随している。研究経費の計算、出納、事務局との折衝、共同研究者の面倒をみること、研究会の手配、研究資料の作成と配布、研究会記録の作成、コピーの配布など、事務的な仕事は無数にある。〔……〕『雑用』ができないというのは、今日においては、研究能力がないというのに等しい。研究とは、今日においてはひとつの実務である。たしかな実務能力がなければ、とうてい研究などという高級な仕事をこなすことはできないはずである」と言う。[36]

また、夏休みについても、「夏休みというのは、授業あるいは講義がやすみというだけのことである。それは、学生のやすみであって、教官の休暇ではない」などとし、[37]研究者の夏休みへの考え方・原理原則論を明確に指摘している。ヒトの効果的活用策として共同研究推進による研究成果獲得促進も実施している。梅棹は、「研究の自由を確保するには、組織の信用がたいせつである。組織の信用を維持するためには、組織の内部に自己調整装置を確立しておく必要があろう[38]」と述べて、組織における計画と管理の必要性を説いている。そして、株式会社の目的は利潤をあげることであるが、国立民族学博物館など非営利・協同組織の良い経営とは、民族学の学問の目的を達成するため、その組織の目的を達成する経営であることを指摘している。

モノ・カネに関する梅棹の経営

国立民族学博物館では三十七万点にも昇る収蔵品を収集し、これを展示して、入館料を収受している。それに加え、総合研究大学院を設立し、全国の大学の研究者の共同研究の中心となって、学術研究をすすめている。[39]

梅棹は、「博物館内の情報化を徹底し、情報センターとしての性格をもたせ、サービス業務をおこなわなければならない」[40]とし、従業員には、「一種のサービス機関としての自覚」を求めた[41]。同時に、国立民族学博物館内に研究施設をつくったことで、博物館の永続性を担保・強化した。そのため、民博は効率的な研究機関とならなければならないと指摘している[42]。

梅棹は京都大学人文科学研究所方式による資金プールを国立民族学博物館でも導入した。通常の大学においては各講座に予算が平等に割り振られる場合が多いが、京都大学人文科学研究所では、研究所全体で予算の全額が一括にプールされており、年度毎の予算の執行案をもとに、それぞれの部門の予算を決定する方法がとられていた。こうした予算の一括プール制を、梅棹は「人文方式」とよんでいる[43]。国立民族学博物館でもこの「人文方式」を採用した。梅棹は、「平等わりしないプール制は、多少の不満をもつひともあろうが、経営上はこの方式は断然有利である」と述べる[44]。資金の効率的活用を梅棹は主張しているのである。

梅棹の経営と革新

梅棹が研究の経営論を書いたことは、当時としては革新的で独創的であった。梅棹は「研究にはかならず研究管理が伴う。たしかな経営感覚、マネジメントの能力がなければ、今日の研究はなりたたないのである[45]」と述べて経営の必要性を強調している。ところが、当時、学術的研究を経営という視点から考えることは稀なことであった。梅棹は以下のように述べる。

大学そのほかの研究機関における研究の過程を、経営という観点からみようというこころみは、今日まで、ほとんどなかったのではないか。企業においてすでに経営学というものがあり、さまざまな経営論がおこなわれているが、学術研究についてはそのようなこころみはあまり目につかない[46]。

このように梅棹は、自分（梅棹）が初めて、研究における経営の重大性を発見したと主張している。

一方、柳宗悦は、「美と経済[47]」という論文を書いてはいるが、経営についての論文はない。しかし、柳宗悦は実践という面で、梅棹より早く、非営利組織においても経営を重視すべきであることを自覚し、民芸館やその他の組織を経営し、民芸運動を推進したのではないか。梅棹の言う「経営と革新」は、柳宗悦によって既に実践されていたのではないか。本論では、こうしたことを考える下地の一つとして、以下において、梅棹と柳との経営の共通点・相違点について検討してみたい。

三　柳宗悦と梅棹忠夫の経営——二人に共通するもの

ここまで見てきたように、日本民藝館を創設した柳宗悦と国立民族学博物館館長の梅棹忠夫はともに、啓蒙家や研究者としてだけでなく、非営利・協同組織経営者としても一級の能力を発揮した人物であった。梅棹忠夫は法的根拠も法律的基礎も持たない組織、梅棹サロン・近衛ロンドと国立民族学博物館の管理運営に、柳宗悦は法的根拠も法律的基礎も持たない組織、民芸協会と民芸館の管理運営に、それぞれ経営力を発揮した。先にも述べたように、柳と梅棹とは生前交わることはなかったが、二人には、卓越した能力を組織運営の面でも発揮したという共通項があったのである。

二人の経営力はどのように培われたのであろうか。柳の実務能力の原点の一つは、雑誌『白樺』でのアートディレクターとしての研鑽・活躍にあるのではないか。『白樺』における柳については、水尾も次のように指摘している。

この雑誌をみずからの思想・芸術・好尚の形成の場として最大限に活用したのは、柳宗悦であったと言ってよい。武者小路実篤とともに、論文・随想・批評・紹介・詩・翻訳等の最も多くの文を寄稿しているのみならず、編集企画、表紙や挿絵に関しても、意欲的かつ厳格な配慮を示し、〔……〕彼のエディターとして、またアートディレクターとしての寄与は少なからぬものがあったと認められるべきであろう。(48)

第一章で言及した、朝鮮民族美術館の設置も、広い意味では、この流れを受けたものと言えるだろう。それほどまでに、『白樺』での研鑽は、確かに大きいものであったはずである。

一方の梅棹は、『日本経済新聞』の「私の履歴書」において、「実務感覚はわかいころのエクスペディション（海外学術調査）(49)」として、登山と探検時代の経験が経営の実務能力を身につけたと述べている。さらに、「京大人文科学研究所からえたものはのなかで最大のものは『人』、〔……〕もうひとつのものは組織の運営にかかわるものである」とも述べているように(50)、京大人文研における経験が大きかったようである。

そうした柳と梅棹とには、柳が民間ベース、梅棹が国立ベースであるということを除いて、非常に多くの共通点があるようにみえる。以下、この点について、ヒト・モノ・カネに関するものと、それ以外のものに分けつつ、紹介する。

ヒトに関すること

ヒトに関することは、第一に、組織運営という点である。研究規模が拡大したことから、梅棹は組織の運営が必要とこれに注力した。[51] 一方、柳は民芸運動を推進したことから、組織運営に注力した。柳も梅棹も、それぞれが持つ多種多様な高い能力によって、多種多様な活動をしたと言うことができる。他方、両者ともきめ細かい人的配慮もある。例えば、柳が封筒に金子をいれる。梅棹が金曜サロンを自宅で開催し、ビールをふるまう。[52] 細かいことであるが、組織のトップにありながら、細かい配慮がとどいている二人であった。近衛ロンドと民芸協会という法的根拠も法律的基礎も持たない組織をつくり運営した点も共通するだろう。

第二に、両者とも、(組織運営の一環として) 効果的な人材活用を実践したことをあげることができる。梅棹は、年功序列ではなく、実績主義による人事を主張したことは先述の通りである。石毛直道は、「梅棹は冷徹な経営者というイメージはないが、結果として大局的な冷徹な決断をしている。たとえば、助教から准教授、准教授から教授への昇格人事の際は、提出された学術論文の質と量をみていた。年功序列や身びいきによる人事ではなく、実績主義による人事を実践した。梅棹は生まれながらの経営者の素養を持っていたように思う。一方、柳田國男については、その全集は全て読んだが、経営者としてのイメージはない」とし、さらに「梅棹の魅力の源泉は人柄である」と評していた[53]。

また、梅棹は国立民族学博物館において、三つの業績公示の方法を通して競争原理を導入している。第一は、研究業績展示用の書架である。これは、現在も民博の図書室に残っている。第二が、近刊の刊行物案内の掲示である。第三が、梅棹の館長室の書棚で、ここには館員の着任以後の著書が展示されているという[54]。

一方、柳は日本民藝館展を開催し、作り手を鼓舞する制度をつくった。昭和初期より百貨店で開催されていた新作の工芸展は、一九四四（昭和十九）年に新作大工芸展として日本民藝館で初めて開催される。その後、一九五一（昭和二十六）年には第一回日本民藝協会展が開催され、一九五九（昭和三十四）年には日本民藝館展と名称変更され、現在も継続している。この公募展では、展示品は柳宗悦らが中心となって審査され、優秀な作品には、民芸賞（後に日本民藝館賞）、個人賞、団体賞奨励賞が授与される。これは梅棹とおなじ、競争原理の導入と見れなくもない。

第三に、二人とも「ひとたらし」であったという共通点がある。柳にしても、梅棹にしても、関係者から話を聞く中で、よくこの「ひとたらし」という言葉をきいた。

例えば、元電電公社の押田榮一は次のようなエピソードを語る。押田によると「梅棹さんの弟子になろうと言って、梅棹さんを訪問したが、梅棹さんは、あなたは、論文も書いたひとなのだから、対等に議論するなら、いいですよ。といわれ、しびれた。帰りがけも送ってくれて、いなくなるまで、見送ってくれた。すっかり梅棹さんのとりこになってしまった」[55]という。山本紀夫も、梅棹に「自分は最後の弟子である」と言ったところ、梅棹より「同僚である」と聞いて痺れたという感想を述べている。秘書の三原も「梅棹は人をその気にするのが上手であった。ただし直接的に援助したり、推薦したりすることはしなかった」と話していた[56]。

加えて、官僚の使い方がうまかった。梅棹はヨーロッパにエクスペデションする旨の計画を文部省に提出した。これに対して、「文部省の係官は目をむいた。わたしは文部省にでかけていって、この種の研究がいかにたいせつであるかを説明した。説得は成功して、科学研究費はおりた」という[57]。

一方、柳もその「ひとたらし」によって、多数のひとが民芸シンパになっている。例えば、第四章で考察するように、富山県での民芸運動の推進者は、柳に触発され民芸へ全力を尽すようになる。吉田桂介（桂樹舎館長元富山民芸協会会長、元日本民芸協会常任理事）の言葉を紹介しておこう。一九三七（昭和十七）年のことである。

一面識もない地方から出ていった若者に、どうしたことか柳先生は会ってくれた。〔……〕その時、自分は和紙と縁を切ることができない。一道しっかり歩まなければならない。こんな思いを抱いて帰ったことを思うと、柳先生から相当の励ましの言葉をえたものであろう[58]。

また、高坂貫昭（光徳寺住職、元となみ民藝協会会長）の文書も紹介する。

初めて柳先生のお顔を拝したのは、昭和十四年の秋であったと思う。小春日和のうららかな日に念願の民藝館を見学し、その帰り途でばったり御外出先からお帰りの先生に会った。もとより面識もない事で、唯立ち止まって後姿を見おくっていたことを覚えている。中学時代『白樺』を愛読し、その後は『工藝の道』をよみ、『工藝』『民藝』も読み、永い間尊敬していた先生であり、又河井先生よりもお会いするようによくおすすめを受けたのであったが、私如き者には何か近づき難い高い存在であった。それが因縁が熟して昭和二十年七月、当時私の弟の家に疎開して居られた棟方先生の一室で、親しく御謦咳に接するご縁を頂いた。棟方先生よりお招きを受けてはせ参じたら、炉端でどじょうの蒲焼で御夕食中であった。空爆下の物資不足の折柄、棟方先生ご一家のお心こもれる御接待であった。そして、翌日は拙宅に来て頂いて、三夜続いてお泊り頂いた。(59)

そして、その後柳からお礼の手紙があったそうである。この手紙について、高坂の息子である高坂制立も「望外の勿体ないお言葉にその後の生きる道にどれだけの力になった事であろうか」

と述べている。[60] こうしたエピソードから、柳の人心把握力の大きさがうかがえる。

さらに次章においても言及するように、朝鮮総督府の斎藤総督、今村武志など、官僚の使い方が上手だったという実例もある。

モノに関すること

モノに関する点は、非営利・協同組織である館の運営をトップとして担ったということに尽きるだろう。そしてその館が現在も存続しているということを、彼らの優れた経営力の証左としておきたい。

また、館への私物の寄贈についても共通する。柳が作品や著作権を、梅棹は蔵書を三万四千冊あまりそれぞれの館に寄贈している。

カネに関すること

最後にカネに関することをあげる。筆者自身、大阪日本民芸館の運営に携わっていて、実感するのであるが、民芸館、美術館、博物館の運営するにあたって、運営費は入館料によって賄われると一般的には思われがちであるが、実際は、その比率は極めて小さく、寄付金や税金投入によって賄われているケースがほとんどである。したがって、館を運営する者にとっては、寄付金や助成金等の資金調達が極めて大事になってくる。

柳、梅棹の二人とも、資金調達が得意であり、これに抜群の能力を見せた。大原孫三郎からの寄付金で日本民藝館を建設したことはあまりにも有名なエピソードである。民芸運動を国の援助なしに、今日まで推進してきた柳の資金調達力は卓越したものであった。柳のお金に対するスタンスについては、「具体的な事例はおぼえていないが、柳はびっくりするほど割に金に細かいところがある」という評価がある。(61)

一方、梅棹が実務能力を磨いたエクスペデションは莫大な経費を必要としたが、その資金づくりを通じてジャーナリズムと深くかかわったと、自らの資金調達の秘訣を明らかにしている。(62)国立民族学博物館設立にあたっては、文部省に根気よく働きかけた。その結果、一九七一年度予算で調査費がついた。文部省の高官には、急逝した泉靖一への「香典ですな」と言わせた。(63)このあたりも、梅棹の資金調達力の一端を垣間見ることができる。また、京都大学人類学研究会の会費は学生五百円、その他のひと千円と当時としてはかなり高額であった。梅棹はこの点について「他のなにものにも従属しない自主的な会合という性格をまもってゆくためにも、かなりしっかりした自主的財政力をもっていることは必要なことである」(64)とする。また、一九六三年のアフリカ調査の際には、「この学術探検隊においても、わたしは、参謀部、兵站部、野戦のすべての場面ではたらいた。〔……〕その資金調達だけでもたいへんであった。〔……〕朝日新聞社および財界各社からも多額の援助がよせられていた。これらの資金および物品の援助を各方面に依頼するために、わたしはたくさんのひとにあったが、このときの人間関係は、その後のわたしの活動のおおきなささえとなった」という。[65] 人との関係を重視する梅棹の姿勢がよくでている一文である。半面、資金の消化については、「その経費が公費でまかなわれていることを考えると、やはりきっちりときまりをつけるべきものであろう」[66] と述べており、お金にたいする厳格な取り組みを明らかにしている。

経営以外の共通点

経営の三要素以外で、経営に関連するほかの要素で二人を比較しても、共通するところが意外に多い。ここではそれらを概略的に順に紹介してみよう。

第一に、人だけでなく、モノも、見る目が的確であるという点。梅棹は、中学生の同級生であり、河井寛次郎の娘婿となった河井博次の器を日常的につかっており、金継ぎまでしていた。梅棹が河井博次と話しに京都五条坂の河井邸を訪問する際には、もっぱら、寛次郎と話がはずんだという。梅棹は河井の作品についても、文章を残している。

第二に、理系気質で数字に強かったということ。柳は、リーチの展示会の収支を企画実行している。柳は一時期展示会を開催することによって、リーチを経済的にささえたのである。また、旅の計画もかなり綿密で、事前に大量の荷物を送付していたようである。[67] 一九三四（昭和九）年四月十七日の武内宛の書簡の中で、商品の割引の必要性について触れ、「数字的に出すと却って得のようです」と書いて数字に強いところをみせている。[68] 一方、梅棹は、「わたしはもともと数学的思考は好きだった」という。[69]

第三に、二人とも私利私欲がなかったと周囲から思われていたこと。水尾は次のように述べている。

蒐集品を私蔵に終わらせることなく公のものとして社会に役立たせるため、初代館長となった柳宗悦は、これまで蒐集し、また、以後蒐集する一切のものを日本民藝館に寄附することとし、館そのものも昭和十二年九月に財団法人となした。所管官庁を商工省としたのは、工芸品を主体とする蔵品が生活に直接交わる製品であって、将来生産にも役立つ参考品が多いということからであった。[70]

志賀直邦は「柳はお金の援助を受けても、卑屈なところはなく、もらって当たり前」という態度であったと語っていたが、このことも私利私欲がないことの裏返しとしてみることができるだろう。梅棹も蔵書を国立民族学博物館に寄贈している。小松左京の元秘書の乙部順子も「梅棹にみんなついていったのは、私利私欲、私心がなかったから」と指摘していた。

第四に、研究者と啓蒙者の両方の視点を持っているということ。柳は、基本は研究者ではなく啓蒙家であるが、木喰仏・大津絵・石窟寺院などで詳細な研究もしている。これに対し、梅棹は研究者であるが、「知的勉強の方法」など啓蒙活動にも取り組んでいる。梅棹は「若い人から探検や調査の相談を受けると、計画段階から助言して『ともかく行ってこい』と、どんどん外国に送り出した。アジテーター（扇動者）としては成果をあげたと思います[71]」と自負するように、啓蒙的な側面も強く持っていた。

第五に、これは、経営にももちろん関係してくるが、両者の先見性である。山本紀夫は、梅棹の類稀なる先見性を示すものとして、独身増大、自家用車の増大に伴うガレージの増大について予見していることを挙げている[72]。柳も、当時の世相を考えた朝鮮問題での発言（例えば、「朝鮮人を想う」『読売新聞』大正八年五月二十日）など、中沢新一をして「百年先がみえる思想家」と言わせた先進性は、特筆すべき点であろう。

第六に、二人の行動様式である。山本いわく、「彼は、チームの一員として行動することを好んだようだ。若い頃の登山でも、ほとんど単独行はしていないし、チームワークを重んじたのである[73]」。一方の柳は、濱田、河井らの民芸同人を引き連れ、日本国内の窯元や、寺社仏閣を廻っている。秋田の雪害研究所への訪問にしても、渋沢敬三たちを巻き込んで、団体で訪問している。

柳の写真を見て気が付くのだが、柳は多くの場合、真ん中に立っている。このあたりが、独断ではなく意見を聞きながら、グループの中心となって物事を進める姿勢が顕著な柳のリーダシップを示しているのかもしれない。

第七が来客の多さと、夫人の内助の功である。梅棹サロンで若い人たちと議論する梅棹の姿と、駒場の柳邸で民芸同人たちと談笑する姿が重なって見えるのは、筆者だけであろうか。これをささえているのが、両夫人の存在である。梅棹の淳子夫人は、「伊勢は津で持つ、津は伊勢で持つ。梅棹忠夫は淳子でもつ」と言われるほど、内助の功を果たしていた。[74] 一方の柳の兼子夫人の方はどうであろうか。水尾比呂志の「随分お客が多くて奥様は大変でしたでしょうが、駒場ではいかがでしたか」という問いに対して、兼子夫人は、「一週間に七、八人の客が三日ぐらいいますから」[75]と答えており、やはり内助の功を果たしている。兼子夫人については、自らを「猿回しの猿」[76]と言わせるくらい、資金調達の面でも内助の功を果たす。

第八に、二人ともよくスケッチをしていることである。山本は梅棹のスケッチについて、「梅棹はフィールドで目にしたものを記録として、いかに定着させるか、それに心を砕いていたことがうかがえる。ただし、わたしが梅棹のスケッチに注目しているのはそれだけでない。結論から先に言えば、梅棹のモノに対する執着こそは、のちに国立民族学博物館を、生み出すきっかけになったのではないか、と考えられるからである」と評価している。[77]

柳のスケッチも、モノへの執着の表れの一つと考えられる。柳は、一時エッチングをバーナード・リーチに教わっていたようである。(78) 柳は、スケッチのみならず、写真も大いに活用していたようである。写真については、「柳が一から十まで指図していた」という兼子夫人の発言がある。(79)

第九に、二人が書く文章である。竹中は、柳の文章のわかりやすさに言及している。(80) 一方、梅棹の文章の平易さは有名である。両人とも、啓蒙家であったことから、文章を平易にしていたのかもしれない。

二人の相違点と共通点

反対に相違点もある。

第一は、柳は民間ベース、梅棹は国立がベースであったことである。

柳が民間ベースにこだわったことは、兼子夫人がこう証言している。「政府に関係すると、主義から何から、品物そのものから何から、みんな向うの――政府くさくなっちゃうんで、いやだってことは、私に始終言ってました」(81)。柳がその蒐集品を現在の東京国立博物館に寄贈を申し出たのに、断られた経緯もあるかもしれない。

第二は、研究機関と非研究機関との違いである。梅棹が論文数などの数字を使って人という資源を活用できたのは、一定の能力を備えている人を組織の一員としており、それら一定レベル以上の人を経営の対象としていた。これに対し、柳は多種多様な職種の民芸同人を経営の対象としている。

しかし、これらのことを除けば、経営という視点で見ると梅棹と柳は驚くほど類似する。確かに、民芸館・民芸協会とか国立民族学博物館といった大規模な組織を維持するためには、小山修三の言ういわゆる「ゲゼルシャフトへの志向」[82]がなければ、かなわないのかもしれない。

繰り返しになるが、二人に共通するのは、「民」という言葉と、民芸館と国立民族学博物館という、非営利共同組織を創設し維持管理したことである。

このような共通点と相違点を通して、非営利・協同組織経営の先駆者としての柳という新しい側面を発見できたように思う。梅棹は、「大学そのほかの研究機関における研究の過程を、経営という観点からみようというこころみは、今日まで、ほとんどなかったのではないか。企業においてすでに経営学というものがあり、さまざまな経営論がおこなわれているが、学術研究についてはそのようなこころみはあまり目につかない」と述べて、非営利・協同組織の大学等の経営について、自らパイオニア・先駆者を自認している。しかし、梅棹より三十年前に生まれて、民芸運動を推進した柳は、経営のことこそ、多くは書いていないが、非営利・協同組織等の経営について、梅棹より早く実践し、優れた実績を残していると言えるのではないか。

おわりに

筆者は、二〇〇七（平成十九）年から二〇一六（平成二十八）年まで大阪日本民芸館で常務理事として勤務していたことは、先に述べた通りである。それもあって、常に、柳宗悦のマネジメントという点が気になっていた。そんな折、国立民族学博物館の初代館長であった梅棹忠夫が、組織のマネジメントに優れ、また高い能力を発揮していたということを知った。実は、大阪日本民芸館は、国立民族学博物館と同じ万博公園内にあり、しかも隣接している。そうした関係もあって、筆者は、自然と梅棹という存在について意識するようになっていた。「小松左京を囲む会」[83]など、様々な機会を通して、国立民族学博物館の関係者から様々に梅棹のマネジメントについて知らされる機会をもつことができた。例えば、三代目の国立民族学博物館の館長であった石毛直道からは、「梅棹は経営に天性の素質を有していた」という梅棹評を聞かされた。

一方、柳宗悦については、先述の通り、その経営（手腕）について、明確に語られることは少ない。しかしながら、柳と梅棹の実践を見てみるとき、共通点があることに気がついた。例えば、ともに現在まで継続する博物館・美術館を創始し、運営したことや、ともに「民」にまつわる活動をしたことなどである。そこで、筆者は、「経営」に対して著書を著し比較的「饒舌」であった梅棹を研究することで、柳宗悦の「経営」についても、それを明確化することができるのではないかと考えた。本章は、その試みの一つとして準備したものである。

ところで、筆者が大阪日本民芸館に赴任した際、梅棹忠夫は国立民族学博物館で顧問をしておられたように思う。失明を過剰に気にしてしまったため、直接のやりとりや、ご挨拶もできず、面識を持つことができなかった。いま思うと残念である。しかしそれは、単に筆者の個人的な事情によるのではなく、隣接する大阪日本民芸館と国立民族学博物館との、心理的距離とも関係していたように思う。同じ国立民族学博物館の現館長である吉田憲司に大阪日本民芸館の民芸ゼミや記念講演会の講師を依頼したことがある。そのいずれの際においても、大阪日本民芸館と国立民族学博物館との物理的距離は近いが、接触する機会がほとんどなかった、という趣旨の発言があった。実際、私が大阪日本民芸館に赴任までに、大阪日本民芸館と国立民族学博物館がテーマや、共通入場券(84)を発行し、協調して運営するということはなかったようである。これは、実は、柳宗悦と梅棹忠夫の距離が遠かったということも意味していたのではないか。

そして、そうした距離ゆえに、この両者が比較検討されることがなかったのではないか。本章では、経営という視点を踏まえつつも、柳と梅棹の共通点を列挙しただけのものに留まってしまったかもしれない。ただ、先に述べた通り、とびぬけて優れた啓蒙家・学者で、同時にとびぬけて優れた経営力を併せ持っていた人として、柳・梅棹のレベルに並ぶ人物はいるだろうか。仮にいたとしても、そうは多くはないはずである。そのうち、梅棹は幸い自らの経営のことを書いているので、梅棹の経営論を探ってみた。その結果、いままで見えていなかった柳の経営ことが見え、柳自らは語っていない、柳の経営のことが一部浮き彫りとなった。

他方、柳田國男と柳宗悦と梅棹忠夫と渋沢敬三、すなわち「民」に関連する施設を作った四人のうちの、残りの二人、柳田國男、渋沢敬三はどうだろうか。柳田が創設した民俗学研究所は、柳田自身によってすでに閉鎖されているし、渋沢敬三のアチックミュージアムも同様である。一方、柳の日本民藝館、梅棹の国立民族学博物館は開館後、継続して、現存する。現存していることにこそ、経営の視点では意味があるのかもしれない。ただし、本章では、「民」という視点を経営の問題に結びつけることは十分にはできていない。この点については、柳田、渋沢を含めて、改めて検討してみたいところである。

第三章　経営者としての柳宗悦の実践——組織運営・資金調達の視点から

はじめに

小畠邦江は「柳宗悦の並外れた行動力は民藝運動がローカルな運動に終止せず、全国的な広がりをもってゆくことにつながったと考えられる(1)」と述べている(2)。本章では、このような組織拡大を実現した柳の組織運営と、長期間にわたって運動を継続するために必要な資金調達という二つの視点から、経営者としての柳の実践について考察を試みる。

柳が民芸運動推進のため、「方針を定め、組織を整えて、目的を達成するよう持続的に事を行ったこと」は、柳の書簡四千七百通から確かに、読み取れたように思う。柳は民芸運動推進のため、経営の三要素たるヒト・モノ・カネの三つの資源を活用した。そこで本章では、この三要素を基軸に、柳が民芸運動で発揮した経営力を、四千七百通の書簡を主な資料として分析していきたい。

第一節では、経営の三要素のヒト・モノ・カネのうち前者二つのヒト・モノ、すなわち組織運営を検討する。柳の組織運営の全体像を把握するため、『月刊民藝』の創刊号に掲載された「民芸運動のツリー」に着目した。これを鈴木禎宏が作成した「民芸運動の構造」と対比することによって、まずはここでの論点を明確にしたい。次に日本民藝館および、民芸協会でみせた柳の組織経営に焦点をあて、考察する。その際、「財団法人」という、既存の民芸館研究においては注目されてこなかった点を切り口とする。第二節では、カネすなわち資金調達にまつわることを中心に検討する。ここでは、柳家の経済的境遇も考慮し、柳の資金調達に関する経営力の精神的源泉にも言及した。次に柳が実際にいくらの資金を調達したか、書簡分析を通じ算出を試み、さらに柳の資金支出の特徴にも触れる。第三節では柳の経営者像の全体像にも言及した。こうした柳の経営者としての活動の分析を通じて、民芸運動を既存研究とは異なる視点、すなわち経営という視点から、再考したい。

一　柳宗悦の組織運営――民芸館と民芸協会を中心として

柳宗悦における組織運営とは、どのようなことを意味するのであろうか。狭義には、一九三六（昭和十一）年に、柳が東京駒場で創設した日本民藝館の組織・運営を意味するであろうが、実際にはより広く民芸運動全般の運営を視野に入れる必要がある。柳は日本民藝館を含め、民芸運動という運動体の中で、合理的な組織を作り上げた。驚くべきことに、この民芸運動の組織構造は、民芸運動が開始されてから九十年超、柳の没後からも半世紀以上が経過した現在でも、その基本的構造は変わっていない。民芸運動が継続している一つの要因はまさに、柳が中心となって作り上げたこの構造が、極めて合理的なものであったという点にこそあるのではないだろうか。

ところで、日本民藝館が開館から三年後の一九三九（昭和十四）年に発刊された運動の機関誌『月刊民藝』創刊号には、中表紙に民芸運動の概念図が示してある（**図2**）。この図は、『月刊民藝』編集の主力であった式場隆三郎（一八九八―一九六五）の依頼で、運動同人の染色家芹沢銈介（一八九五―一九八四）が作成したことがわかっている。注目すべきは、補うように書かれている添え書きである。つまり、この図には、「財団法人」や「たくみ工藝店」といった文字が、それらが担う役割などとともに補筆されているのである。実はこれが、誰の手によるものなのかははっきりとは分かっていない。日本民藝館の学芸部長である杉山享司によると、この図および加筆は外村吉之助によるのではないかということであった。外村は民芸運動の同人で、柳と最も数多く書簡を交わした人物の一人で、柳の勧めもあって、倉敷へ行き、民芸運動の運営に直接関わった人物である。柳の考え方をよく理解し、柳の考えに忠実に、民芸運動を具現化しようとした人物でもあった。その意味においては、本図には、少なからず柳の意図が反映されていると考えることができる。運動の拠点となる施設「日本民藝館」を木のてっぺんに位置づけ、下方の両枝として、一方に民芸運動の運営組織である「日本民藝協会」が、もう一方に、「諸国民藝」の販売を手がける「たくみ工藝店」を置くこの「ツリー」は、現在から見ても、一つのビジネスモデルとしてバランスがとれているように思う。上述のように、この図を作成した人物については、はっきりとしないところもある。しかし、当時の民芸運動の構造がこのようなものと考えられていたことは間違いないように思われる。そして、その基本的な部分を構想したのは柳であることも、おそらく間違いない。

この点は、柳の書簡からも読み取れる。例えば、一九三九（昭和十四）年の武内潔眞宛の書簡(3)で、この『月刊民藝』について次のように述べている。

河井等の上京を期に、小集〔「招集」の間違いと思われる〕を致し、新しき企てとして月

図 2　民芸運動の「ツリー」(『月刊民藝』創刊号中表紙，1939 年)

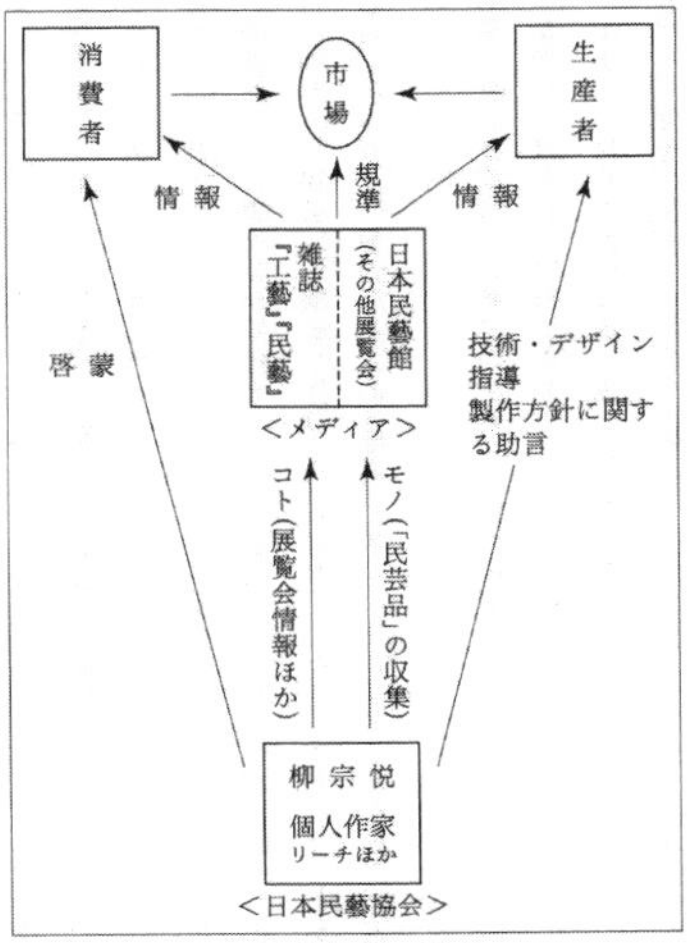

民芸運動の構造

図 3　鈴木禎宏による「民芸運動の構造」(鈴木禎宏「民芸運動とバーナード・リーチ」，熊倉功夫・吉田憲司編『柳宗悦と民藝運動』思文閣出版，2005 年，172 頁より転載)

刊民藝なる小冊子を刊行、民藝館、「工藝」、「たくみ」の前衛として働く事となり、式場君が編集を引き受ける事となりました、之で一般に働きかける段取りです。又此の際民藝館の経済を少しでも助ける意味で一口一圓月々寄付する会員を廣く募集する事になりました、会計報告によると、目下事情よろしからず、打開策として右の案を選ぶ事となりました。

このように、『月刊民藝』創刊を機に民芸運動同人のあいだで日本民藝館の経済状況について話し合いがもたれたようである。そしてその際には、**図**2に示される「民藝館、『工藝』、「たくみ」」という三つの組織についても触れられている。あくまでも推測であるが、『月刊民藝』の中表紙はその打ち合わせが集約・反映されたものであるかもしれない。

これに対して、**図**3は、序章でも言及した熊倉功夫・吉田憲司編『柳宗悦と民藝運動』に寄せられた論文の中で、バーナード・リーチ研究の第一人者である鈴木禎宏が民芸運動の構造について示したものである。(4) この二つの図面を比較してみると、鈴木の図には二つの視点が漏れているように思われる。鈴木の構造図に漏れている視点の一つめは、たくみの存在、二つめは財団法人としての日本民藝館の存在である。この二つの視点は実際の経営者にしかわからない視点であるかもしれない。逆に言うと、柳は学術研究者の視点と経営者の視点の両方を持っていたといえるのではないか。柳が経営する範囲は、**図**2の「民芸ツリー」に従えば、①民芸館および財団法人としての民芸館、②民芸協会（個人作家も含む）、③たくみ、④『工藝』などの広報誌と言える。以下、まずは本章において中心的な資料とする柳の書簡について簡単に触れたのち、これらに沿いながら柳が経営した組織について触れていきたい。

書簡分析の意義

まず、本章で中心となる研究手法・資料のうちの柳の書簡について、簡単に述べておきたい。柳が膨大な書簡を残していることは序章でも述べた通りである。柳は、非常に多くの書簡を出しており、かつその書簡の多くが『柳宗悦全集』に収録されている。『全集』第二十一巻上・中・下に約四千五百通、第二十二巻の下巻に約二百通。合計しておよそ四千七百通もの膨大な量の書簡が、このような状態で残っている人物はそう多くはないだろう。

この書簡集を編集した一人である熊倉功夫も「柳は手紙を通じて民芸運動の指導者の役割を果たした」とみなし、柳における手紙の重要性を指摘しつつ、先にも触れたように、「柳宗悦の民芸運動の理論と実態は、この書簡によってもう一度再構成されるべきであろう」と述べている。[5]さて、その柳の書簡の主な宛先を、残っている書簡数の多い順番に示すと、①外村吉之介（四一六）、②森永重治（二九四）、③三代澤本寿（二七六）、④吉田正太郎（二七〇）、⑤武内潔真（二三七）、となる。また、その他で関わりの深かった人物宛としては、兼子夫人（一四九）、濱田庄司（一〇四）、河井寛次郎（八四）、志賀直哉（一一二）、棟方志功（一二）、リーチ（六二）、鈴木大拙（一五）、などとなる。

本章では、この中でも特に、運動の重要な支援元であった大原家の窓口をつとめた武内潔真と、民芸運動の初期からの同人で岡山県の組織をまとめた外村吉之介への書簡に注目した。また柳の書簡は、その約四千七百通が『全集』に残されていると述べたが、これは、柳が出した分である。柳が受け取った方は、別にある。それ故、ここでは可能な範囲で、なるべく両方の分析を試みた。また、『全集』に収録されていない書簡もいくつか活用している。柳の出したはがきの現物を見てみると、多くが鉛筆で書かれ、現代のEメールのように、きわめて日常的に活用されていることがわかる。このはがき・手紙を媒体としたネットワークを活用し、民芸運動を推進したことが推察される。

書簡には、柳の経営力をうかがえるものもある。例えば、リーチ宛の手紙の中には柳が書いたと推定される物品リストがある。それを見ると、二重線で金額の合計を締めており、簿記の知識がある者が作成したものと思われる。もし、柳が書いたものであれば、これは柳の実務能力をあらわしているものと言えよう。また、角館の樺細工の職人宛の手紙にはその作品指導の一環として図を示しての指示が見られ、お金も同封していたことがわかる。こうした点から、産地に対する柳の指導・配慮を知ることができる。(6) なかには、柳が民芸運動の組織拡大に強い意欲をみせた書簡も残っている。そこからは、柳自身も民芸協会の新設・拡大には熱心に取り組んでいる様子がうかがえる。例えば、青森県においては、「柳宗悦師からは青森民藝協会を作れとの慫慂が昭和十七年以前何度もあった。柳宗悦師は、しびれを切らしたように、青森県に協会ができる事は濱田も河井も大賛成である。それで来る八月に同人大挙してお邪魔することに決定したから、是非とも準備を」とあるように、地方の名士の生まれで民芸同人であり、後に「つがる工芸店」を創設した相馬貞三に、書簡を通して協会設立を働きかけている。[7] この結果、一九四〇（昭和十五）年に青森県民藝同好会が八名で結成され、一九四二（昭和十七）年には、それを発展的に受け継いだ青森民藝協会が十二名で設立されている。十二名のうち、数名が相馬の姓であることから、身内に頼んだ苦労の跡が見受けられる。この書簡からも、柳の未開拓地域への進出意欲の強さが見てとれる。『全集』に含まれていない未発表の書簡にも興味深いものがある。その一つが、第二章でも触れた、一九三八（昭和十三）年に山形県の積雪地方農村経済調査所・山口弘道所長宛の手紙がある。柳はここに「経済　直して　費用の上から小生よくわかりませぬ」と書いているが、同時に渋沢敬三らを巻き込んで「民藝の会」を作ったことが明らかになるという点で注目に値する。[8] これらの書簡は、様々な人を巻き込んで、その力を借りながら事を進めるという、柳の経営の根幹を示す貴重な資料であり、柳の組織マネジメントの手腕を確認できるような多くの事実を発見することができる。

これらの書簡分析を踏まえ、柳の組織経営が、日本民藝館、たくみ、日本民藝協会などでどのように展開されたか、以下述べたい。

日本民藝館でみせた柳の経営力

経営がヒト・モノ・カネを動かすことでなされるというのは、先にも述べた通りである。柳の経営のヒト・モノ・カネのうちのヒト、モノにあたる部分について述べる前に、柳の経営の中核にあたる日本民藝館について分析したい。民藝館は、一般の美術館に近い展示施設としての日本民藝館と、財団法人としての日本民藝館との両面から見ることができる。さらに、「民芸ツリー」にみられる「日本民藝協会」「たくみ工藝店」についても言及する。日本民藝協会は日本民藝館のできる二年前の一九三四（昭和九）年に、既に発足していた。民芸品の販売会社である「たくみ」は、さらにその前年の一九三三（昭和八）年に銀座に開店している。日本民藝館の誕生によって、「ツリー」が完成するのであり、ここでは、この三つで柳が見せた経営力を分析したい。

柳は、民芸運動の全体像をどのように捉えていたのであろうか。その一端を柳の書簡の中から垣間見ることができる。例えば、一九四六（昭和二十一）年九月二十九日の武内宛の書簡の中で、「今後の民芸運動は一切を民芸館中心と致し協会も、工藝も、たくみも皆ここで統一するように

	建築年・延床面積	内容・趣旨	経営手法	備考
白樺美術館	実現せず	西洋美術品の展示	寄付募集	
朝鮮民族美術館	1924 年	朝鮮の器，陶磁器，日用品展示	寄付募集 朝鮮総督府の援助	館長や管理組織の不備
民藝館 （三国荘）	1928 年 118㎡	大礼記念国産振興東京博覧会への出展	パビリオンのモデルルームで作品販売 後に大阪に移転	
日本民藝美術館 （浜松）	1931 年 約 264㎡	浜松の高林兵衛邸内建築にて蒐集品展示	高林の援助	
日本民藝館 （東京駒場）	1936 年 1704㎡	自身の蒐集品の展示	大原孫三郎の援助，財団法人化	

表 1　柳宗悦が手掛けた美術館・民芸館（「年譜」，『柳宗悦全集』第 22 巻下，筑摩書房，1992 年，223-297 頁などをもとに著者作成）

したき心組です」と述べている。[9] 民藝館が中心（最上位）にある点で、まさに「ツリー」の内容に一致する。本書では、一九二六（大正十五）年に発表された運動の創始を告げる「日本民藝美術館設立趣意書」を起点に、これ以降の民芸運動の中で発揮された柳の経営力について主に論じているが、それ以前にも柳は、いくつかの美術館・民芸館の立ち上げに携わっている。朝鮮民族美術館、大礼記念国産振興東京博覧会に出展されたパビリオンとしての民藝館（のちの三国荘）、および浜松の高林兵衛邸内につくられた日本民藝美術館である。こうした実践を通して、美術館運営のノウハウが柳の中で蓄積されていたのである。

柳が手掛けた民藝館・美術館は**表 1** の通り全部で五つある。さらに柳は、一九二八―二九

（昭和三―四）年には、海外の美術館にも視察に出かけており、またバーナード・リーチ展などの個展を企画するなどして、次第に美術館や民芸館等の展示施設の運営方法を蓄積していったように思われる。では、そのノウハウとは、どのようなものであったのか。次項では、民芸運動の中心たる民藝館の経営について見てみたい。

財団法人としての民藝館の運営でみせた柳の経営力

図2の「ツリー」の中にも、小さくではあるが、財団法人とわざわざ付記してある。これは、財団法人を重視する柳および民芸同人の姿勢を表しているのではないか。日本民藝館は、一九三七（昭和十二）年に商工省宛[10]に、財団法人の申請をし、認められた。**図4**は、その際に提出された柳本人の名義の申請書である。

展示施設としての日本民藝館については、多数の研究がなされてきた。しかし、財団法人という点からこれを分析しているものは、既存の研究では見当たらないように思う。「財団法人」としての日本民藝館を考えるということは、これまで展示施設としてのみ捉えられてきたものを、経営の対象たる経営組織として捉えることを意味する。

柳は、一九三七（昭和十二）年九月十三日、財団の常務理事に就任する。私自身が大阪日本民藝館で同じ役職であったこともあり、よくわかるのだが、財団の常務理事というのは、事実上運

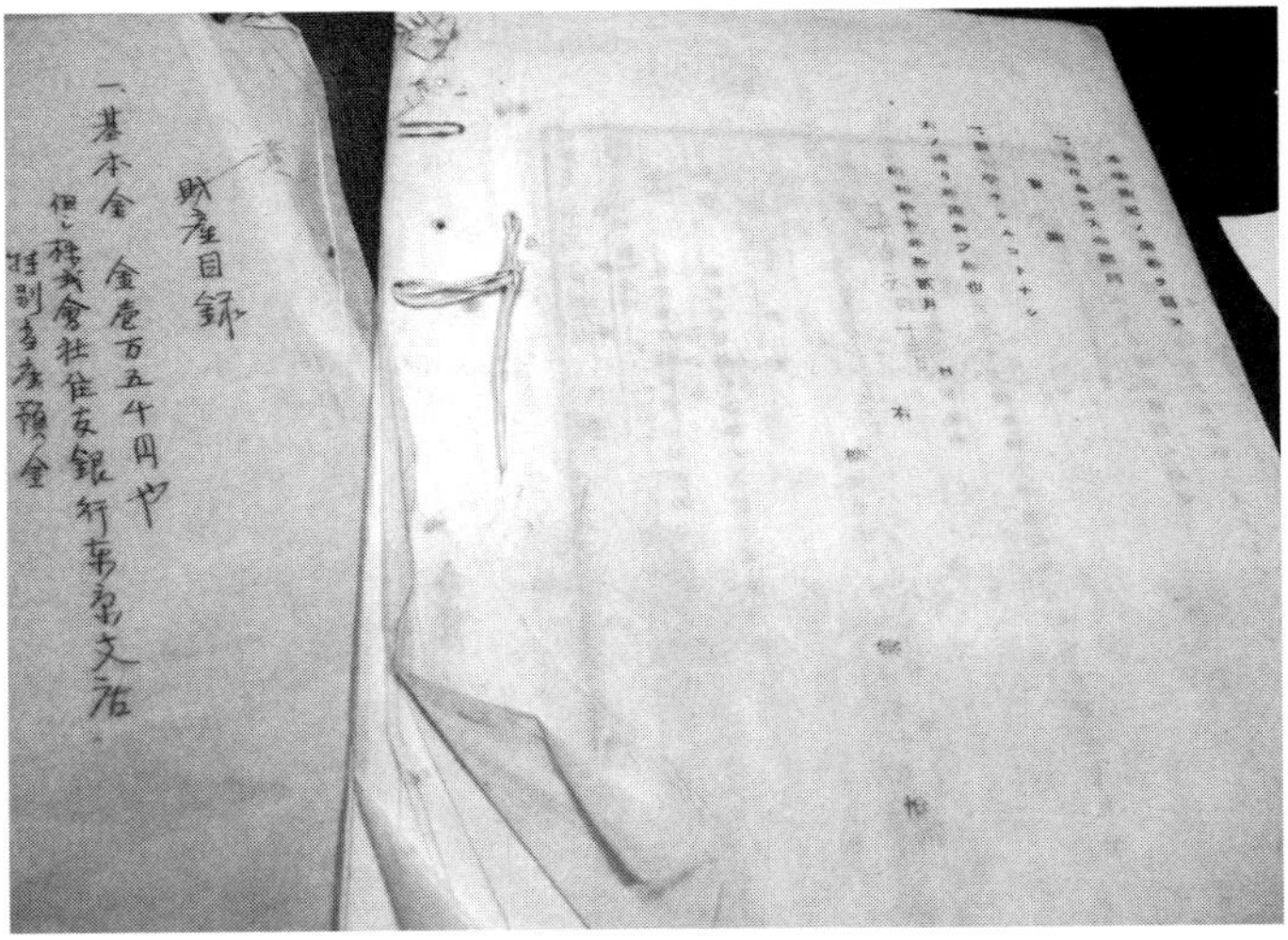

図4　財団設立申請書（日本民藝館提供）

営者の地位にいたと考えてよい。

『柳宗悦全集』に記載されている「民藝館・民藝協会消息及び寄附報告[11]」から、財団としての日本民藝館について、ヒトにあたる部分を抜き出してみると、下の①、②のことがわかる。

① 財団設立の協力者（商工省宛申請）は、森数樹、水谷良一[12]、横山親造などの役人であること。

② 財団の評議員は、下記の通りであり、当時の民芸運動の推進者がならんでいること。

森数樹、水谷良一、岩井武俊、川勝堅一、林桂二郎、吉田璋也、太田直公、浅野長量、芹沢銈介、外村吉之介、浅沼喜実、式場隆三郎、壽岳文章、村岡景夫、横山信造、石丸重治、山本為三郎、河井寛次郎、武内潔真、濱田庄司、柳宗悦（監事は山本為三郎）

また日本民藝館の古い法人登記から、財団設立の当時の理事役員は、柳・濱田・河井・武内の四人であったこともわかる。財団法人の役員ということを考えると、この四人こそが、組織の中枢で、民芸運動はこの四人が中心となって推進されたと言ってもよいのではないだろうか。なお、日本民藝館に残る財団申請時の書類には、財団の財産に関する目録（図5）も添付されている。以下は、ここから基本となる部分を抜き出したものである。

一、基本金　一万五千円　住友銀行当座預金

二、有体動産

・陶磁器七百点二万二千円、木工品百五十点三千円、金工品五十点千円、石工品百点千円

・漆器五十点五百円、〔不明〕三千円、〔不明〕七千二百円、書物百点千五百円

・展示ケース三百点九千円

合計　四万八千二百円

一および二の計　六万三千二百円

柳は（財団）法人とすることのメリットを十分認識していたようで、武内潔眞宛の書簡に次のように述べている。[13]

所有者名義人を定める必要起こり大原氏の名にて登記いたすべきや、法人として日本民藝館の名に致すべきや、後者なれば税金は余程少なくなり、且つ美術館の性質上永久性ができると存じますが以下に致すべきや、〔……〕。

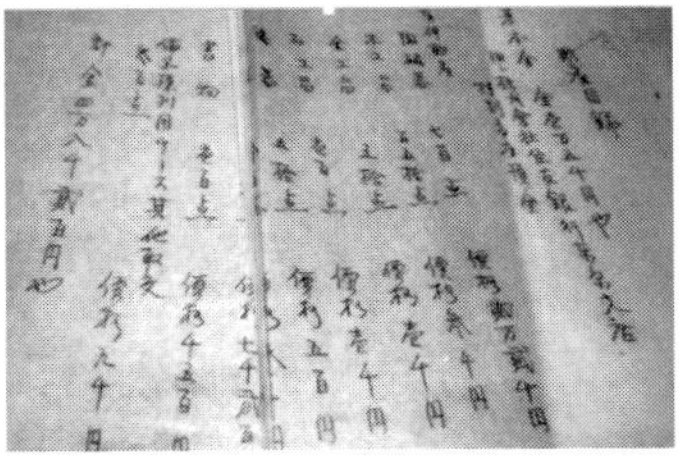
図5　財団法人日本民藝館の財産目録（日本民藝館提供）

武内は大原孫三郎の部下であり、また大原家と文化方面との窓口役でもあり、大原美術館の初代館長も務めた人物である。武内は財団法人日本民藝館の理事にも就任しており、経営上の相談をするのに好適の人材であった。実際に、民芸館や民芸協会の経営を考えるとき、武内宛の書簡には注目すべき内容が多い。

この当時、財団法人とするのは私立の美術館の中でそれほど多くなかったようである。財団の設立については、「現在日本で活躍している財団のほとんどは、経済的な混乱が一段落し、新しい経済成長が始まりかけた一九五〇（昭和三十）年代後半以降に新たな発想により設立されたものである」[14]との指摘もあるので、日本民藝館の財団法人化は比較的早かったといえるだろう。

柳は武内宛の一九三六（昭和十一）年十月三日の書簡[15]で武内に理事就任を要請している。武内は当初は渋っていたようであるが、結局引受けている。同年十一月八日には、同じく武内宛に大原の印を押してもらうよう依頼している[16]。

財団法人が認可されて、柳はこれで、法人としての永続性が担保された旨のことを武内宛の書簡で、以下のように述べている[17]。

商工省に申請中の民藝館財団法人の件、今回幸いに許可がありました。基本金が少し少なすぎて一寸困難があったようでしたが、仕事の性質了解が出来て、許可になりました。色々ご心配いただきしこと、御礼方々ご報告いたします。是で法人としての存在に入り、仕事も長くのこる事となり、大変嬉しく思います。大原様の方へもお知らせいたします。

柳が、財団法人をつくり、後に、この財団に柳の蒐集品、著作権等をすべて寄付し、理事には、大原の代理人である武内が就任することで、民芸館の基盤はほとんどできあがったと考えられる。これは、民芸館のみならず、民芸運動全般の、柳の死後においても継続するための構造の基軸となったのではないかと思う。

たくみの位置付けとそこでみせた柳の経営力

次に、たくみ工藝店について見てみよう。たくみというのは、柳らの発案で、一九三三（昭和八）年に銀座につくられた民芸品の販売会社である。「民芸ツリー」の左側の枝幹となっているのであるから、重要な施設・位置付けと捉えられていたのであろう。柳はたくみの開店に際し、「わたしはかつてウイリアム・モリスが、なぜ店を持つような世俗的な仕事までしなければならなかったかを訝った事がある。しかし私はたくみがなければ仕事の実際化が来ないのを知るに到った」とたくみの存在意義を述べている。[18] 同じ文章の中では、「私達は、今日まで何が正しい作物なのか、どこに正しい作物があるのか、どうしたら正しい品物を新たに産むことができるか、これら三つの事に努力を集中し、雑誌『工藝』をその機関として発行した。〔……〕最後に残った問題は、生まれてくる品物をどうして社会に届けるかの方法であった。さしあたり唯一の簡便なやり方は店舗を持つ事である。私はこれがなければ仕事の実際化が来ないのを知るに到った」[19] とも述べており、柳がたくみを重く捉えていたことがわかる。

また、一九三三（昭和八）年十二月十九日の武内潔眞宛の書簡の中で、「たくみへの御祝辞一同感謝、先ず順調な出発で、このまま押し切れば一つの文化的な大きな仕事を残せると思います、将来ここを中心に凡ての運動を統制致したき心組みです」と書いている。[20]このようにたくみを重視したのは、当時、財団法人であった日本民藝館では、作品・商品の販売が許されなかったという事情があったものと推測する。[21]

このたくみについては、一九三三（昭和八）年十一月二十八日の武内宛の書簡には、「委託形式、売値の八掛け」とあり、[22]細かいところまで、関与していることがわかる。しかし、「私は経済的体験に乏しくこの仕事を自身でやるべきでない」[23]とも述べており、事実柳がたくみの社長に就くことはなかった。このあたりが経営者たる柳の冷静な判断と言えるのかもしれない。さらに、一九三三（昭和八）年十一月二十八日の武内宛の書簡の中では、「会計責任は、小生等の友人、内閣統計局の水谷良一、森数樹両君が監督してくれることになったので、十分信用して頂いていいと思います」[24]と、別のところでも「経済的側面は、水谷森等や両山本氏等の監督による精確な計数的整理があるから仕事は存外安定に進むに違いない」、「商売というより一種の社会的運動であるから」[25]と述べているように、冷静な経営者としてそつのない対応が表れている。

鳥取にも吉田璋也が中心となって、前年の一九三二（昭和七）年、たくみができているが、銀座のたくみは、これと本店―支店の関係にあるものではない。後に、東京のたくみが金融手形で倒産の危機に陥ったとき、柳は、財界の出資を募り、乗り切ったことがあるように、柳は社長ではなかったが、実質的には、柳が主導する会社であったと言えよう。

民芸協会を中心とした組織運営

「民芸ツリー」の右側の枝幹になっているのが、民芸協会である。鈴木篤宛書簡で「民藝協会もたくみもこの際一改革をして、大きな発展を遂げねばならぬのを感じます[26]」と述べているように、たくみとともに、民芸運動の一翼を担うのが民芸協会であった。

柳による民芸運動の特色の一つは、民芸協会を梃にしたネットワークの拡大と未開拓地域の開拓を通じた民芸運動の全国展開にあった。柳自身の書簡にも「日本民藝協会が成立、ここで一切の統制したく、今月より雑誌も聚楽社を離れ目下その仕事手多忙也」とあるように[27]、民芸協会は、民藝館とならんで、柳の経営の中核にあったことを示している。ここに民芸協会とは民芸同好家によるネットワークをいう。柳の経営の根幹の一つは、協力者づくりと、その拠点であるネットワークづくりにあることを示している。

中央の民芸協会は、一九三四（昭和九）年に組織されるが、これと前後して、地方にも運動は拡大していった。地方の民芸協会の会員として柳は、「在所の殆どの陶工は我が民藝協会の会員であり、〔……〕」という記載が書簡にもあるように[28]、各地の陶工らの作り手たちを第一に想定していたようである。現在では、陶工を含む民芸運動への協力者は地方の民芸協会会員となり、そのネットワークの拠点として、地方民芸館がある。組織が拡大するには、この民芸協会と民芸館の両方の数が多ければ多いほどいいことになる。当時も、県によって、民芸思想の浸透度は異なっていた。地方民芸協会が早期にできた県は、長野県、岡山県、栃木県、新潟県、静岡県、鳥取県、富山県であった。

民芸協会の拡大の歴史は柳の経営力と深い関係がある。いくつもの書簡から柳が民芸運動の組織拡大に強い意欲をみせたことがうかがえるし、柳自身がより直接に民芸協会の新設・拡大に熱心に取り組んでいる様子もみて取れる。例えば、先にも取り上げた青森県の地方の名士の生まれで民芸同人、後に「つがる工芸店」を創設した相馬貞三に協会設立を働きかけている書簡がある。[29]この書簡からも、柳の未開拓地域への開拓意欲の強さがみてとれる。また、会員数自体への関心も強かったようで、一九三三（昭和八）年三月二十三日の書簡では、「いずれにしても多くの改善と発展のためには、会員数を増加するしかほか道なく」と書いている。[30]

このように柳は、常に地方への運動拡大を目指し、民芸協会の全国普及や空白地域の解消[31]を目指した。地方への振興、組織の拡大、未開拓地域の開拓のため、柳がとった方策をまとめると次のようになろう。第一に民芸同人を全国各地に配置すること。例えば、柳が、外村に織物をすすめ、浜松行きを勧める書簡が残っている。[32]筆者には、柳の民芸を全国展開しようとした姿と、織田信長等の戦国大名のイメージと重なる。織田信長は革新的な政策を推し進め、その下に徳川家康や木下藤吉郎などの有力武将を配下において、地方に配置した。地方の有力武将を吉田、濱田、外村などと考えると不思議に符合するのではないか。第二に、地方有力者と連携を進めている。柳は自らは酒が飲めないにもかかわらず、地元有力者との宴会を提案している。鳥取の太田直行宛の書簡の中で、「一夜有力者だけ三、四人でよろしいから招いてくださって、全部島根県産の食器でごちそうして下さいませんか、之は理解させるのに大いに有数と思います」と書いている。(33) こうしたコミュニケーションもまた、運動の拡大に寄与するものであった。

それでは、柳が苦労して築きあげた民芸館や民芸協会の現状はどうなっているのであろうか。民芸運動に関する組織の現状は、高齢化とともに組織の減少・弱体化が目立っている。それでも、二〇一五年時点では、全国で三十の民芸協会と十九の民芸館(関連施設を含む)がある。民芸協会加入者数は約千七百名(五年前は二千人近くいた)。機関誌である雑誌『民芸』の年間購読数二万冊、定期購読者数は約五百三十名。柳の死後五十年超を経ても、民芸運動は一定の勢力を保っているといえる。

このように、民芸運動が継続しているのは柳の組織作りが巧みだったからではないか。柳の組織作りで功を奏した点は、第一に、地方の有力都市に民芸同人の有力者を配置したこと。第二に、直営を避け、地方独立として本部と地方の共倒れを回避したこと。第三に、税務上のメリットもあり日本民藝館を財団法人としたこと。第四に、たくみという販売会社を別に組織したこと(例えば、たくみが手形で窮地に陥ったとしても、日本民藝館の経営危機には、直接結びつかないことなる)。この四点に集約されるのではないかと思われる。

広報・人事・営業でみせた柳の経営力

柳は民芸運動における機関紙や広報誌の重要性を理解していたように思う。既述のように柳は『白樺』創刊時のメンバーでもあり、雑誌の持つ影響力に気がついていた。以来、そのノウハウを蓄積していたのである。関係の人々との意思疎通・通信は書簡、情報発信には『工藝』『民藝』などの雑誌、とそれぞれを活用した。程度の違いこそあれ、こうした民芸運動の広報誌に柳は基本的に直接関与している。柳と秘書役の荒木二人ですべて作業していた時期もあったという。[34] **図2**の「民芸ツリー」に、雑誌『工藝』『月刊民藝』がわざわざ手書きされていることも、柳および民芸同人が広報を重視していた証左ではないか。

『白樺』ではアートディレクターの役割を担ったと水尾が記しているが、もとより、柳は情報の感度が高かったようだ。また、積極的に情報を発信すると同時に、積極的に情報を受け入れもした。同人とのコミュケーションは、もっぱら書簡でなされた。熊倉功夫は、「柳がかくも膨大な手紙を書いた背景には、柳独自の組織論・戦術論がはたらいていたといえそうである」と述べているが、[35] それは、文字通り、ヒトとモノを巧みに結びつけるツールであった。

他方、ヒトに関して、柳の人事政策について触れたい。経営としての人事政策には、大きく分けて、人事異動政策と人事考課政策という二つの分野がある。柳が行った前者の人事異動政策としては、例えば、財団の役員人事があげられる。財団設立時、濱田庄司、河井寛次郎、武内潔真と柳宗悦自身が理事に就任した。とりわけ、大原の代理人たる武内を財団の理事とする人事で、大原家からの継続的援助を確立したことも経営者としての大きな貢献の一つではなかったか。民芸運動同人の人事では、外村吉之介を倉敷に異動させる、芹沢銈介を静岡に異動させる、安川慶一を松本へ派遣するなどの実例があった。いずれも、運動を拡大するため、柳がとった経営としての人事異動政策の一例と考えられる。柳が人事政策を実行していたことが以下の鈴木篤宛の書簡[36]から読み取れる。

小生の経験では、一つの協会は貴兄のような方を切要しています、近々外村君にも静岡に出てもらうよう事慫慂しました。できるだけ早い機会に実現したい由です、〔……〕。

後者の人事考課政策としては、日本民藝館で民藝展を開催するなどして、競争原理の導入を図ったことがそれにあたる。

柳が実践した営業・マーケティングについては、以下のものが考えられる。第一が、新作民藝である。柳の言う民藝は骨董趣味ではなかった。新しい美や価値の創造し、消費者への啓蒙として、新しい文化の消費のかたちをつくった。地方・産地において商品開発（デザイン開発とマーケット開拓）を実践した。[37]第二に、大礼記念国産振興博覧会に「民藝館」というモデルルームを出展した。地方で制作された器物を都市の生活者が自分の生活の中に取り込むすべを提示した。[38]第三に、地方の有力者と現地の器を使って会食を実施した。先に紹介した鳥取の例以外にも、詳細は第四章でも触れるが、富山県での第一民芸品展の前に地元有力者と会食している。バーナード・リーチの展覧会の前にも新聞記者と会食したことが書簡に残っている。[39]第四に、民芸茶会というイベント開催である。筆者は大学の卒業論文のテーマが「柳宗悦と茶」であるが、一九五五（昭和三十）年に日本民藝館で実施された民芸茶会が民芸系の作家の器を使った営業イベントとしての性格があることを認識するに至った。

上記のように、柳は広報・人事・営業についても、これを疎かにせず、きめ細かい配慮し、実行していることがわかった。

二　柳宗悦の経営――資金調達を中心として

本節では柳の経営のヒト・モノ・カネのうちのカネにあたる部分についてみてみたい。資金がないと現実的には運動を維持できないことから、当然ながら、カネは、経営の中核の一つになる。

民芸館など民間の美術館を維持継続するのは、資金面で困難が伴う。一般に、美術館は入場料で収支がまかなわれていると思われがちであるが、現在の日本民藝館の財務諸表を見ても、二〇一六（平成二十八）年度の経常収益八千六百万円の中で、入場料は四千万円と、その占める割合は、五〇パーセントを切っている。その事情は昔から変わっていない。したがって民芸館の経営上、入場料収入以外の寄付金等の資金を調達することが重要になってくる。とりわけ、開館前後は、初期投資費用がかかり、寄付金が特に重要となる。ここでは、民芸運動の当初に柳が調達した寄付金等の調達先を以下の通り、分析してみる。

柳宗悦と資金調達——柳家の経済的境遇と柳の経営の原点

柳はもともと、麻布に五千坪の土地を所有する裕福な家に生まれたから、若い頃は、金銭には無頓着であったようだ。半面、当初から、手持ちの資金はあまりなかったようである。柳家の生活費について、「蒐集する当初は民藝などあまり省みる人はなかったから、ほとんどただも同然だったとはいえ、宗悦の収入は本代や蒐集費用に費やされ、生活費は大きく兼子の肩に掛かっていた[40]」と小池静子は語っている。そのあたりの事情を、兼子は水尾のインタビューに答えて、「ともかく宗悦のやっている仕事は貧乏でやっている仕事ですからね。お金は入り用なんですけど、お金はないでしょう[41]」と語っている。さらに、「はい、収入はございませんでしたわね。柳が、それからあとも、東京に出て方々の学校、夜学やなんか教えても、月給の顔って見せたことも無いんです。〔……〕もらって足りないときには、仕方ございませんから自分のふところ〔声楽の月謝〕からだしておりました[42]」とも続けている。

壽岳文章と直接交流のあった熊倉功夫は、柳の金銭事情・感覚について、「柳は金銭に関しては無頓着で、柳と先生〔壽岳文章のこと〕が昭和初期に共同編集した月刊誌『ブレイクとホイットマン』の会計面は、先生が一手に引き受けていたと聞く」と記している。さらに「壽岳先生が入院した時の思い出話は面白かった。柳が見舞金を持って病院に訪ねてきたことを、先生は『私は万端、準備して入院していた。あちらこそ〔柳〕あのお金どうやって工面したのだろう』と不思議そうにおっしゃった」とも記している[43]。詳細な時期は不明であるが、ある時期までの柳はお金に無頓着で、手持ちの資金もあまりなかった。そして、それは仲間のうちでは評判となっていたようであり、『白樺』の編集に関連して、「柳は支払を度々滞らせ、同人誌『白樺』の仲間から、『花は紅、柳は緑』という言葉をもじって『花は緑、柳はくれない』と愚痴られていた」のだということ[44]。

柳自身も民芸同人の河井には、苦しい懐具合を率直に吐露して、金の無心をする次のような内容の書簡が残っている[45]。

丁度濱田も入洛中の事と思うので相談してもらえまいか、若し可能なら五百円だけでも、この二十日にほしく思う、こう云う事、心苦しいが、「工藝」「工藝選書」民藝館等、色々の費用で僕も手が一パイなのだ、恐らく僕等の仲間で、貯金も何もない点では、恥ずかしいくらいだ、此の月には孫が生まれると云うのにろくに病院の代も拂ってやる金なくどうもその点値打ちがない、〔……〕。

柳がこうした経済状況にあることを、柳の書簡を通じて知っていたからこそ、柳の周囲の人間は援助を惜しまなかったのではないかと、志賀直邦は指摘している。(46)

柳は若い間は、上述のように、お金に無頓着でいられる環境にあったようであるが、民芸運動の進展や、民芸館の創設・維持に直接携わるようになって、後述するように事情が変わってくるのである。このことには、柳家、柳兼子の実家である中島家の経済状況も関係するものと思われる。

兼子の実家の中島鉄工場は、祖父の兼吉（一八二九―一九〇七）が亡くなった後、急速に経営が悪化していた。息子の隆道は慶應出身で、当初は経営に関与していなかったが、後に社長となる。その後、祖父の弟と支配人の遣い込みもあり、一九一七（大正六）年中島鉄工場は倒産する。後に兼子の父は、兼子のところに居候する。(47) 柳も中島家を救おうとするが、「二番目の兄、楢喬《ならたか》が、つぶれそうになっていた名古屋の第六銀行にそのお金を突っ込み、宗悦のお金はなくなったのである」[48]。その結果が、兼子の次の発言にみられる。

われわれは文無しになってたいへんな打撃で誤算でしたけれども、身内だからと柳はこらえちゃったんです。どうせこれは自分が稼いだお金じゃない。きれいさっぱりあきらめて再出発しよう。そういうわけで、われわれの腕でもって働いて生活しなければならなくなったのです[49]。

他方、柳家の麻布の土地は、柳の母が生活のため、徐々に売っていき最後は全くなくなったようである[50]。もっとも駒場の自宅（現在の日本民藝館西館）を建てる費用については、柳の母が自らの全財産を提供したようである[51]。柳兼子はこう述べている。

母が、義兄たちの失敗のために、宗悦の分を向けていたんです。それだもんですから、そのお礼かたがた私のお棺を出してもらうところが欲しいからと、と言ってこれだけあげるから地所を買って家を建ててくれと言いまして。それで、駒場へ地所を見に行ったんです。柳と[52]。

先述のように、中島鉄工場は破産する。柳家も大国銀行の預金は引き出せないという趣旨の柳の母宛の書簡[53]が残っている。結局、柳家も中島家も経済的に苦しい状況にたたされたようである。実は、このことが柳の経営の原点であったのではないだろうか。お金の怖さがわかっているから、例えば、たくみの経営にも自ら乗り出さなかったのではないか。晩年の柳を直接知る水尾や志賀直邦らは、ともに柳は金に細かいところがあったとしているが、その証言もこれを裏付けているように思われる。

柳および民芸運動に資金援助をした人々

上記のような経済的境遇にあった柳のために、あるいは民芸運動の振興のために、惜しみなく資金支援をした人々がいた。これらの人々は、およそ次のように五つに分類されると思う。

一つ目が、個人作家（濱田、河井、棟方ら）である。宇賀田達雄は『日本民藝協会の七〇年』の中で、個人作家が、柳に民芸運動推進のため、作品を提供していたというエピソードを紹介している。[54]濱田や河井やリーチは気に入った作品ができると柳のところに持ってきて数点おいていったようである。[55]濱田、河井らが、柳に運動資金として作品を差し出したのである。実際に、河井から『工藝』資金のため送ってくれた品とその活動のために作品の提供があったことを示す書簡[56]も残っている。それは、既述の通り、柳、中島家とも、破産に近い状態にあったことを濱田、河井らが知っていたからであろう。だから例えば、河井は「いくらでもようだてるからと言って、兼子がお金に不自由しているのを知っているので、そういって助けてくれた[57]」のである。

半面、柳は個人作家への販売協力にも労を惜しまなかったようである。一九二五（大正十四）年にリーチ展を開催して、自ら値付をしたり、割引したり、販売を工夫して千六百円の利益をあげ、リーチに送金したことをリーチ宛の書簡で述べている[58]。柳は展示会を開催することによって、リーチを一定期間経済的にささえたのである。こうしたこともまた、作家らに柳を支援しようと思わせることになったのだろう。

二つ目が財界人（大原孫三郎、大原總一郎、山本為三郎ら）である。ここまでもしばしば言及している、倉敷紡績などを率いた大原孫三郎は、一九三五（昭和十）年頃、景気悪化の煽りを受けて会社の業績が悪いなか、会社内部にとかくの批判の声があったにもかかわらず、民藝館建設のために十万円という、当時としては大金を投じて惜しまなかった[59]。息子の大原總一郎も民芸運動に理解を示し、後にも述べるように、継続して寄付をしたことが知られている。

三つ目が妻の兼子である。兼子はオペラ歌手として有名であり、演奏会収入が、民芸運動の活動資金に投入された。兼子は、民芸運動にも賛同して積極的に協力した。柳の講演会と兼子のコンサートがセットになっている場合もあった。倉敷で開催された際、独唱会は有料で謝礼二百円、講演会は無料で謝礼五十円だったようである[60]。つまり、兼子のコンサートがメインであったのである。柳は、兼子の収入を遠慮なく民芸運動につぎ込んだようで、柳兼子の文書手紙に「お手伝いの分、伴奏者の分はとらないで」という内容が残っている。実際、兼子の演奏会で得た資金は、宗悦の講演会で得た金額とは比べ物にならないほど高額であり、朝鮮美術館建設の際には、そのための寄付金総額九四八〇円の半分以上を占めている。(61) また、兼子は「木喰五行上人遺跡調査資金募集音楽会」という音楽会も開催している。(62) そうした経験について、兼子夫人は、自分は宗悦の猿回しの猿のようなものだと述懐している。(63)

一九四四(昭和十九)年頃、戦時下の兼子は、軍歌を歌うことを拒否したこと、西洋の音楽が禁止されていたことで、演奏の場を失っていた。少しでも食いつなぐため、大原孫三郎や大原總一郎の世話で「慰問演奏会」を組んで倉敷・丸亀・岡山・大阪などの地方で演奏会を開催している。(64) まさに、内助の功である。このように、民芸運動は柳兼子夫人の協力なしには、とても継続できなかったのではないかと思う。

四つ目が柳自身である。柳家は麻布に五千坪の土地を持つほどの資産家であったが、兄の事業失敗からその含みをほとんど吐き出したことは、先ほど述べた通りである。したがって、柳は柳家の遺産を寄付したわけではなく、収蔵品・著作権を寄付したのである。志賀直邦は、「今日民藝運動が曲がりなりにも健全な状態で存在するのは、柳が家をはじめ、収蔵品、著作権の一切を日本民藝館に寄附したことにある」と重要な指摘をしている。(65)

五つ目が一般個人からの寄付である。雑誌『白樺』では、白樺美術館、朝鮮民族美術館、雑誌

『白樺』廃刊後は、雑誌『工藝』や『民藝』等で寄付を依頼している。実際に寄付を受けた場合は、当該雑誌にて、その寄付内容を広報し、より一層の寄付拡大につなげている。柳は『白樺』以来、広報の重要性を体得していたのである。

民芸運動における資金調達額

柳が資金難に対して卑屈にならず、人より資金を調達できたのは、私利私欲がなく、高い次元での目標達成のための意欲、人心把握力などによって、相手に強い説得力を与えていたからだと志賀は言う。志賀によれば、柳が調達した金額を記した帳簿などは廃棄されているとのこと。そこで、ここではまず、四千七百通の書簡の中で、寄付金額のあるものを中心に、**表2**の通りリストアップしてみた。

表のうちで特に目立つのは、大原親子が果たした役割である。父の大原孫三郎は日本民藝館の創設資金に十万円寄付する。その息子の大原總一郎も支援を続けている。戦後、柳が高額な作品を購入するたび、武内を通じて大原に援助が求められ、大原美術館を通じて民藝館に資金援助されていたことがわかる。もう一つの特徴は、民間人とりわけ、財界人からの寄付が目立っていることである。政府からの寄付というものはほとんどない。唯一の例外として、朝鮮総督府の斎藤實総督(66)らからの寄付がある。

書簡年月日	資金提供者	金額（円）	名目
1918.7.17	直木君一家	120	白樺美術館向け
1922.10.18	朝鮮総督斎藤實他	150	朝鮮民族美術館向け
1926.2.5	内山氏	500	
1927.11.15	倉橋藤治郎	10,000	三国荘向け
1929.2.8	山本為三郎	20,000	
1935.5.10	水谷良一	6,000	
1935.5.13	大原孫三郎	100,000	日本民藝館向け
1936.2.16	山本為三郎	200	
1937.4.17	匿名	1,000	
1937.12.7	森	1,000	
1939.5.17	大原孫三郎	500	3人会のため
1939.6.8	泉	550	東北旅行費用
1939.12.7	大原孫三郎	2,000	開業費
1940.5.23	川勝堅一	5,000	
1940.11.1	大原孫三郎	500	協会の発展資金
1941.10.16	大原總一郎	500	村岡給与分
1942.4.20	柳宗悦（印税収入）	600	
1944.12.18	式場隆三郎	5,000-6,000	復興費用
1945.6.25	大原總一郎	5,000	復興費用
1945.12.12	大原總一郎	4,000	疎開解消費用
1946.3.4	大原總一郎	2,000	
1946.9.21	大原總一郎	2,000	拓本向け
1947.11.25	大原總一郎	2,500相当	屏風購入
1948.1.3	廣田（壺中居の主人）	100,000	
計31年間	計24件	計約270,000円	

表2　柳宗悦および民芸運動への資金提供者・金額（『柳宗悦全集』第21巻上中下，第22巻下より著者作成）

次に、民芸運動に関連して、『工藝』や『民藝』などの雑誌や書籍において公表された寄付について調べた。税務のこともあるのか、金額が明記されているものは『工藝』六〇号で、一九三六（昭和十一）年に一件、小川龍彦からの五十円とあるだけで、ほとんどが民芸（作）品の寄贈である。また、一九五八（昭和三十三）年に柳が著作権を寄付したことが『民藝』六六号で広報されている点が注目される。柳は、雑誌『工藝』や雑誌『民藝』でまめに、寄贈者の紹介とともに、寄贈への感謝を表明していた。これは、広報することによって、さらなる寄贈の促進を図ったものと考えられる。

柳宗悦の資金支出の特徴

資金調達の一方、支出は、どうであったのだろうか。蒐集家として、蒐集のためにはお金を惜しみなく使っていたという印象が柳にはある。事実、柳の息子の柳宗理は、母親に働かせて蒐集ばかりしていたという旨を記している。[67] 柳自身も、自らの蒐集への煩悩を武内宛の書簡にて、以下のように述べている。[68]

半金は小生でなんとかしたく、残る半金お援助希えぬでしょうか、どうもつけあがってすまぬのですが、非常によく何とも欲しいものなのです、（少し勝手すぎて、恐縮しながらこの手紙を書いています。煩悩と云えば煩悩なのですが、物を好きな貴兄には分かって頂けると思います）。

一方、蒐集への戒めについての森永重治宛の以下のような書簡も存在する。(69)

君が品物に対する愛着はいいが、少し度が過ぎて妄念に近いと思う、此の点僕は感心しない、特に仕事を有つ君にとって、決していい影響はない。その妄念を棄てる修行か〔ママ〕大いに必要ではないか。〔……〕蒐集も病的になっては心を濁らす。物を有つのを一度打ち切ってはどうか。さもないと君の未来は暗いような気がしてならない。物好きの点では人にまけない僕の事故余計この苦言を信用してもらっていいように思う。

この二つの書簡から、柳が情熱的な蒐集家であったこともわかるが、一方では、冷静さと礼節を忘れていない経営者としての柳も出ていると思われる。柳は、実はかなり冷静な判断に基づいて支出していたのではないかと思われる。「柳はびっくりするほど、金に細かいところがあった」というのは、柳と直接交流があった水尾と志賀が共通して述べるところである。(70)支出についても、相当細かな検討をしていたようである。また、蒐集品の購入には、熱心であったが、価格に対する引き下げについて、駆け引きに労を惜しまなかったようである。熊倉功夫も森永重治とのやり取りを「かけひきをするつもりはないのですがと断っているが、これは立派なかけひきである」[71]と指摘している。

大沢啓徳は、柳の蒐集が柳一個人の所有欲を満足させることではないことを指摘して、次のように述べている。[72]

柳は民芸館の強みは、その質・量ともに充実した所蔵品にあると確信している〔……〕。自らの所蔵品を多く持たない美術館は、結局他から借り受けて展示を行うために、出費がかさむ。逆に民藝館は、他に貸し出しができるほどに所蔵が充実しているから、経済的にも安定し、小規模ながら自立した運営ができる。これは、柳の慧眼というべきであろう。

また、職人宛の手紙に金子を入れるなど、お金に対する細かい配慮もあった。

戦後にたくみが倒産しかけた時には、財界人の協力を得て、出資という形で救済措置をとっている。日本民藝館や柳ら自身が単純に資金援助または、貸付するのではなく、出資という返済期限のない合理的な手法で救済している。身内には「カネがあればな」という言葉を連呼している時があったという柳夫人の証言がある。これは、裏をかえすと、借金してまで物は買わないという意味にもとれる。(73)こうしたことからも、柳は支出という点について、極めて冷静であったことがうかがえる。

柳は日本民藝館の館長に就任していたが、自ら無給であることを述べている。加えて、日本民藝館の維持・保全にあたる要員は少人数で対応していることを述べている。規模に応じた小規模の体制で経費節減していることがわかる。(74)このように、宗教哲学者として孤高で格調高いイメージがある柳であるが、資金面で苦労している状況が書簡で随所に見られる。柳は、その持ち前の人心把握力で、大原をはじめとする多数の財界人を「民芸シンパ」として、**表2**の寄付一覧にあるように、継続的な寄付を獲得することに成功する。このことは、経営者としての柳の貢献の大きいものの一つであると思う。

三　柳宗悦の経営者像

独自の組織論・戦術論を持つ統率者

一九三三（昭和八）年二月九日の武内宛の書簡には、「方針を立て組織さへ作れば倉敷の民芸も充分発展の見込みがある」とある。柳は合理的な経営方針を軽視していたわけではないようだ。(75)もっといえば、民芸運動において経営に敏感であったのではないか。柳は、合理的な経営方針を立て、多種多様な協力者をまとめ、ヒト・モノ・カネにわたる民芸運動の礎をつくりあげた。その能力について、熊倉功夫は、「柳は単純な原則論者ではなかった。意図して多様な要素を内部に含みこみ、これを統率しえた人物である」と述べている。(76) また、柳は日本民藝協会の設立に際し、こう述べている。

凡ての仕事は幸いにも親しい友達の協力で順調に育った。併しそれに一つの組織を与え一切を之で統制し、更に有機的な一体としたい念願を起すに至った。個人が動くより、組織が働く方が社會的に見て本筋だと思える。〔……〕吾々は文字を通し、作物を通し仕事を組織的に進めたいと考えている。(77)

柳は、熊倉の言う「柳独自の組織論・戦術論」(78) を働かせた冷静で有能な経営者であった。例えば、繰り返しなるが、柳は昭和八年にたくみが開店するとき次のように書いている。「わたしはかつてウイリアム・モリスが、なぜ店を持つような世俗的な仕事までしなければならなかったかを訝った事がある。しかし私はたくみがなければ仕事の実際化が来ないのを知るに到った」とたくみの意義を述べている。(79)「私は経済的体験に乏しくこの仕事を自身でやるべきでない」と続けている。このあたりが冷静な経営者たる柳らしいところではないか。(80) 柳の頭の中に兄の事業失敗で柳家の財産が失われたことが浮かばないはずはなかったと思われる。自らたくみを経営することは、たくみが倒産すれば、日本民藝館も連鎖倒産することになると柳は考え、別組織にしたのではないだろうか。これは、地方の民芸館にしても、地方民芸協会にしても事情は同じである。地方の民芸館も民芸協会もすべて独立しており、万が一地方の民芸館がつぶれたとしても、財団法人である日本民藝館にはなんら経済的ダメージを及ぼさない。そもそも地方民芸協会は本部に一定の上納金を納めれば設立することができる仕組みを柳は作っていた。「各地協会の自主性を尊重する連合体組織(81)」であったのである。さらに「地方民藝協会の承認制度(82)」を設けている。これはまさに柳独自の組織論・戦術論の発現ではなかったか。

実務に強い経営管理者

柳は海洋測量の開祖と言われ、軍人でもあった父楢悦の気質を受け継いだのか、数字にも強く、実務に強かったようである。財団の常務理事として、実際の財団事務に携わったようだ。柳自身、民芸館の帳簿をつけていると河井寛の書簡に記している(83)。同じく館の経営に携わった国立民族学博物館の元館長であった梅棹忠夫は、「研究にはそのほか、さまざまな事務的な仕事がいっぱい付随している。研究経費の計算、出納、事務局との折衝、共同研究者の面倒をみること、研究会の手配、研究資料の作成と配布、研究会記録の作成、コピーの配布など、事務的な仕事は無数にある。〔……〕『雑用』ができないというのは、今日においては、研究能力がないというのに等しい。研究とは、今日においてはひとつの実務である。たしかな実務能力がなければ、とうてい研究などという高級な仕事をこなすことはできないはずである」と言う[84]。

柳も同じ考えだったのだろうか[85]。自ら作成した表具寸法表や各地の民芸品店の特徴を書いた実務書類が残っている。バーナード・リーチの展覧会では、値付けから収支計算・精算までこなし、数学的に強いところ、実務に強いところがうかがえる。このように、細かい実務も厭わず取り組む経営管理者として、能力を発揮している柳の実像を認識できた。

話し合いの重視

鶴見俊輔は、『白樺』において、柳は「第一にはけんかしない人柄の故に友人関係の調整役として、第二に雑誌のデザイナー兼美術担当編集者として、第三に同人中ただひとりの学者として[86]」役割を担ったと述べている。友人関係の調整というのは、言葉を代えれば、組織運営を実践することと同義であると言えよう。熊倉功夫の「柳は単純な原則論者ではなかった。意図して多様な要素を内部に含みこみ、これを統率しえた人物である」という柳評にも関連するだろう。柳の書簡には、濱田や河井、武内等に組織や人事のことを相談する例えば左記のような書簡が散見する[87]。

先便にも書いたが工藝だけを切り離し、小生自身の仕事として経営させて欲しい。若し君達の賛成を得れば、即刻に仕事を始めたい、この事僕は強いて主張しないが、一つ理由が之で僕自身経済的自由を少しでも得たいのだ。

このように、柳は独断であるいは、トップダウンで物事を推進するのではなく、話し合いを重視し、物事を進めていくという傾向が多数の書簡から読み取れる。

バランス経営

柳は、新作民藝、住宅モデルルーム、民芸茶会など常に新しいことに取り組んだ。財団法人についても、民間の美術館の中でも、いち早くその制度を採り入れ、民芸館の継続性を高めている。柳が「百年先が見えた思想家」であるといった中沢新一の言葉(88)に説得力を感じるゆえんである。しかし、新しいことを取り入れるあまり、上滑りの経営をしていたわけではない。バランスを忘れていたわけではないようだ。

冒頭でも述べたが、**図2**の通り、『月刊民藝』の創刊号の中表紙は、民芸運動の全体像を木に例えて示してある。柳はこの図面の如く、民芸運動の全体像について、鳥瞰的な視野で常に振り返っていたのではないだろうか。

繰り返しになるが、時代に先駆けて、財団法人をつくり、後に自ら蒐集した作品・著作権・自宅の全てを、この財団法人に寄付している。これにより、柳死後も含めた民芸運動の継続性は担保されたと言っても言い過ぎではない。この財団をつくり作品等を寄付したということが、経営者柳の貢献として最も大きいものの一つとなろう。さらに、柳は、その持ち前の人心把握力で、大原をはじめとする多数の財界人を「民芸シンパ」として、**表2**の寄付一覧にあるように、継続的な寄付を獲得することに成功する。このこともまた、経営者としての柳の貢献の大きいものの一つであると思う。とりわけ、大原の代理人たる武内を財団の理事とする人事で、大原家からの継続的援助を確立したことも経営者としての大きな貢献の一つではなかったか。

おわりに

民芸運動の基盤を造った柳の経営力について、以上の通りヒト・モノ・カネにわたる視点で研究した。ヒトについては、民芸協会、地方民芸協会等、モノについては、民芸館、財団法人、広報誌等、カネについては大原家をはじめとする財界の援助などに対する柳の卓越した経営力によって、民芸運動の基盤を固めていった。その結果、民芸運動は他の運動と比べても、継続性のあるものとなり、現在まで続いている。

以上の研究を通じ、つくづく思うことは、柳が高い経営力を持っていたからこそ、民芸運動が隆盛し、今日まで継続できたのではないかということである。柳は民芸館、たくみ、民芸協会および『工藝』などの広報誌にわたる組織のバランスを見つめ組織を拡大していった。

柳の経営力は民芸運動の成長を促し、持続性のあるものへの礎を築いた。いままで、柳については、行動力があるとか、資金調達が上手とか、断片的な柳評はあったものの、経営者としての柳についての言及はまったくなかったと言えよう。今回の研究を通じて、新しい柳像、つまり「経営者としての柳」を民芸研究上はじめて提示できたのではないかと思う。これによって、合理的な経営判断に基づいて推進・維持された民芸運動の本質を一部明らかにできたのではないかと思っている。

そして、再度、『月刊民藝』に示された「ツリー」を振り返ってみるとき、あらためて感じるのは、バランス経営と財団法人などにみられる新しい事に挑戦を続けた柳のインテリジェンスの高さである。

第四章　地方民芸協会設立・拡大による組織拡大——富山県を事例として

はじめに

柳の経営力は時代を超え、地域を超えて発揮された。この結果、民芸運動は全国的に展開し、現在でも継続されていることはすでに述べた通りである。本章は、その柳の経営力が東京駒場だけでなく、富山県という一地方においても発揮されたということを明らかにしたい。富山県では、運動に関する組織の拡大のため、柳は民芸の空白地域に戦略的アプローチをしている。本章では、このことを、富山県での資料収集の中で発見した事実に基づき考察する[1]。

さて、民芸運動は、近代以前に伝わる日本各地の手仕事の再評価と、美の生活化という二つを目的として、一九二六（大正十五）年にスタートした。[2] この運動を率いた柳宗悦は、これを全国へ拡大すべく、民芸運動の同人で陶芸家の濱田庄司・河井寛次郎らと全国の手仕事の調査や蒐集のための旅行や、各地方での民芸協会の設立によるネットワークの拡大を図っていた。これは、柳の思想や柳の経営が地域的・空間的に拡大していったものとして考えることができる。この地域的・空間的拡大はほとんど日本全体に及んだ。地方への拡大に伴う各地の民芸協会の設立経緯は、個別の事情により様々であるが、民芸運動全体にとって地方への展開は重要な意味を持っていた。[3] 地方民芸協会の成立やそれが果たした役割については、様々な研究がすすめられ、近年では、例えば、鳥取県や青森県の民芸運動の歴史的経緯や民芸館・民芸協会の設立経緯について、それぞれ研究が示されている。[4]

しかし、富山県については、全国の中でも比較的早く民芸協会ができた県の一つであるにもかかわらず、これまであまり積極的に研究されてこなかった。また、富山県の民芸運動は、後述のように、安川慶一を中心に財界も巻き込んだグループと、高坂貫昭による真宗と民芸を結びつけたグループとが結合した形で、推進したという特色を持つ。さらに、柳が晩年の代表作である『美の法門』[5] を著し、彼の思想が一つの結実をみた舞台となった県でもある。このような意味でも、今日的な視点からの再評価が必要であると思われる。

富山県の民芸運動は、地理的に見ると、富山地区と砺波《となみ》地区を中心に発展してきた。結果、呉西の中心都市である高岡は民芸運動の空白地域となっていた。ところが、一九五四（昭和二十九）年十月に高岡市美術館で、「第一回民芸品展」という企画展が開催されていたのである。これは、柳の全集にも、当時の機関誌であった『民藝通信』などにも、あるいは富山市民芸館の図録等にも記録されておらず、民芸運動史において、いわば忘却されていた展覧会である。本章では、それを、富山と砺波の狭間で運動の空白地帯となっていた地域に対する柳の運動拡大戦略を示す重要な証左として取り上げたいと思う。

以下、まず第一節で、富山県の地域特性と富山県の民芸の現状について、柳が選んだ富山の手仕事とともに概説し、あわせて、富山県の民芸運動を検討することの意義について見ておく。そのうえで第二節以降、富山県の民芸運動の展開について検討する。富山県の民芸運動は、安川慶一・吉田桂介・高坂貫昭という「富山の三郷土人」が柳に啓発されて進展していった。このことを第二節において紹介し、第三節では、棟方志功や柳宗悦らの民芸運動の同人が富山県の民芸運動に果たした役割について述べる。そして、柳が『美の法門』を富山県で著し、宗教的な高みに到達した意味を検討する。柳の著作執筆と前後して、富山民藝協会が設立されるが、これは後に分裂する。第四節では、その経緯を述べ、あわせて最近の状況にも触れる。第五節ではさらに、高岡市美術館で実施されたが、民芸研究の記録からは消えていた「第一回民芸品展」の開催の意味を分析する。最後に、富山県の民芸協会発展の中で、発揮された柳の経営力について分析し、まとめとしたい。

なお、後にも画像とともに触れるが、二〇一〇（平成二十二）年六月五日に、柳の五十回忌が善徳寺で、民芸協会の総会と兼ねて実施されている。これは、柳の思想や貢献が時代を超えて、地域を超えて受け継がれていることを示す事例の一つと考えることができよう。

一　富山県の民芸運動の現状——柳が選んだ富山県の手仕事から

富山県の地域特性

富山県は、東部に険しい立山連峰の険しい山岳地帯、南部には飛騨山地、西部は医王山などの山岳地帯、北部には日本海があり、三方を山に、もう一方は海に囲まれた富山平野を中心にまとまった生活圏が形成されており、民俗や県民気質についても共通する。(6)しかし、県中央部に突出した呉羽《くれは》丘陵を境に、西は呉西《ごせい》、東は呉東《ごとう》と呼ばれ、それぞれ高岡市と富山市を中心とした統一地域を形成していると見ることもできる。高岡と富山はともに城下町であり、藩政時代から中心地として、相互に対抗意識を持って発展してきた。(7)さらに時代を遡ると、大化の改心後、越中国の国府は高岡市の伏木にあり、大伴家持が国司として在任していた。その後、加賀藩の始祖である前田利家が、一五八五（天正十三）年に佐々成政を破って以降、富山は加賀の属国となった。

一六三九（寛永十六）年に富山藩を新設し、後の富山県は加賀藩の直轄地域と富山藩に分かれた状態で、一八七一（明治四）年の明治の廃藩置県まで、二百三十二年続いた。加賀藩直轄地域と富山藩は、地理的に呉西地域と呉東地域にほぼ一致する。加賀藩と富山藩は本家と分家の関係にあり、かつ領土が十対一の比率であった。富山藩も加賀藩と同じく重農政策をとったが、富山売薬という特産物を有し、保護奨励したことは特筆に価する。しかし、銅器・漆器・木彫刻・織物等の在来工業の分布は旧加賀藩領であった呉西地区に偏在している。とりわけ、高岡の伝統工業は、加賀藩の手厚い保護によって発展した。

言語としては、越中弁という方言がある。富山県内の地域格差は少ないが、それでも呉東方言・呉西方言・五箇山方言に三分されている。宗教は八割が真宗で、東西の区別はないようである。文化地域は、全県一区と言っていいほどのまとまりを見せているが、強いて分ければ、次の七つに区分される。(8)

呉東

① 富山区……富山市、神通川流域
② 新川区……魚津市、片貝川流域
③ 黒部区……黒部市、黒部川流域

呉西

④ 高岡区……高岡市、庄川・小矢部川流域
⑤ 氷見区……氷見市
⑥ 砺波区……砺波市（南砺市）
⑦ 五箇山区…庄川上流山間地域

こうした地域区分を踏まえたうえで、富山県の民芸（運動）を考えてみると、それは、上記①と⑥に偏在して発展してきたと言える。富山県の二大都市である富山市と高岡市のうち、富山市では民芸運動が発展したのだが、もう一方の高岡市は民芸運動の空白地域になっていたわけである。そのあたりの事情については後述する。

富山県の民芸運動の特性

富山県を研究対象としたのは、以下の通り、富山県の民芸運動に見られる四つの特性による。それぞれ簡単に概観しておきたい。

第一に、富山県が、比較的早く地方民芸協会ができた県の一つであったということである。柳の民芸運動における経営は、協力者づくりとその拠点であるネットワークづくりが根幹になって

いる。[9] ここでの協力者とは主に地方の民芸協会会員で、ネットワークの拠点は地方民芸館である。組織が拡大するには、単純に言うと、この両方が多いほど伸展することになる。柳自身も、民芸協会の新設・拡大には熱心に取り組んでいる。例えば、第三章でも取り上げたが、青森県においては、「柳宗悦師からは青森民藝協会を作れとの慫慂が昭和十七年以前何度もあった。柳宗悦師は、しびれを切らしたように、青森県に協会ができる事は濱田も河井も大賛成である。それで来る八月に同人大挙してお邪魔することに決定したから、是非とも準備を[10]」と地方の名士の生まれで民芸同人、後に「つがる工芸店」を創設した相馬貞三に協会設立を働きかけている。この結果、一九四〇（昭和十五）年に青森県民藝同好会が八名で結成され、一九四二（昭和十七）年には、それを発展的に受け継いだ青森民藝協会が十二名で設立されている。

地方民芸協会は、一九二七（昭和二）年の新潟民藝美術協会が初の民芸協会として誕生すると、長野県、岡山県、栃木県、静岡県、島根県、鳥取県と断続的に発足し、富山県でも一九三四（昭和九）年に結成された。[11] 民芸協会が早くできた県について、その経緯を検討することは、民芸運動の全体像を明らかにすることにも繋がっていくだろう。

第二は、富山県には三つの民芸館（関連施設を含む）があることである。現在、全国に二十の民芸館と関連施設があるが、富山県にはそのうち三つが存在する。民芸館というのは、民芸品を展示している美術館のような展示施設で、多くは上述の通り、民芸運動の拠点にもなっている。

現時点において、民芸協会の会員が無料で入館できる公式の民芸館および関連施設とされるのは、日本民藝館をはじめ、鳥取民藝美術館、倉敷民藝館、松本民芸館、熊本国際民藝館、富山市民芸館、日下部民藝館、愛媛民藝館、大阪日本民芸館、出雲民藝館、濱田庄司記念益子参考館、京都民芸資料館、豊田市民芸館、大原美術館工芸館、桂樹舎和紙文庫民族工芸館、光徳寺展示・無尽蔵、益子陶芸美術館／陶芸メッセ・益子、多津衛民藝館、山根和紙資料館、安部榮四郎記念館の二十施設となっている。

このうち、呉東の①富山地区にある富山市民芸館と八尾にある桂樹舎和紙文庫民族工芸館、呉西の⑥砺波地区の南砺市にある光徳寺展示・無尽蔵の三つが富山県に所在する。民芸館およびその関連施設が三つもある県は全国で、富山県だけである。

第三は、富山県には二つの民芸協会があることである。現在、全国には二十九の民芸協会がある。このうち二つが富山県にある。富山市民藝協会が呉東の①富山地区にあり、もう一方のとなみ民藝協会は呉西の⑥砺波地区に所在する。現在、全国で民芸協会が二つ以上ある県は、富山県と、長野県と、島根県の三県だけである。民芸館や民芸協会が多いことは、それだけ複雑な地域特性を有している可能性があり、研究対象となろう。

第四に、富山県は財界のバックアップを受けた財界サロンと真宗の僧侶による仏教サロンが合同して民芸運動が拡大した事例である。富山県の民芸運動では、北陸銀行の元頭取であった中田勇吉が富山市民芸館の建物等を寄付するなど、地元財界が大きな足跡を残した。この結果、民芸シンパの財界サロンが呉東の①富山地区にできた。一方、光徳寺の高坂貫昭らを中心として民芸シンパの真宗サロンが呉西の⑥砺波地区にできた。この両者が合体した形で一九四六（昭和二十一）年に富山民藝協会が成立している。このように、呉東と呉西が協力・合体することで民芸協会が成立した特異な背景を富山県は有している。当時、富山県で最も財力があって、教養度も高い二つのグループを民芸運動は取り組むことに成功していたのである。

上記の四つの特性を富山県の民芸運動は有しており、富山県を今回の研究対象とした。

柳が選んだ富山県の手仕事から

柳宗悦は、戦前から、たびたび富山県を訪れている。柳は、全国をめぐって日本の手仕事を研究するなかで、富山県も訪問しており、その一部は柳の主著の一つである『手仕事の日本』[12]で紹介している。また柳は、戦後にも何度も富山を訪問しており、城端別院善徳寺で『美の法門』を書き上げた有名なエピソードが残っていることは、先に述べた通りである。

ここでは、『手仕事の日本』で紹介されたいくつかの手仕事を取りあげながら、現在民芸品として残っているのは何なのか、またどうしてそれが残っているのかを、富山県の民芸運動の展開との関係を踏まえつつ、考えてみたい。

『手仕事の日本』の越中編のほぼ冒頭で取りあげられているのが、柳行李である。これは、売薬の行商が背負う柳の木でできたかごであり、「見ても美しいこういうものを、必ず行商の持ち物にするということに心を惹かれます」とある。[14]

これと同様に売薬に関連したもので、ここに取りあげられているのが、薬をつつむ和紙である。八尾でつくられているものを「あかがさのあいたけ」と呼ぶ。紅がらを入れる紙は現在でもあるが、この「あかがさのあいたけ」というのは、需要がないため、現在はつくられていないとのことである。[15]

ところで、柳は、その「好み」がはっきりしていて、「好み」でないものへの評価は大変辛辣であった。[16] 富山の手仕事に関してもこうした評価のあり方を確認することができ、例えば、柳の高岡銅器への評価は下記の通りである。

銅器の高岡は醜い高岡である。その中に良いものを求めるのは、砂の中に金を探すに等しい。[17]

高岡銅器については、『手仕事の日本』にも次のような記述がある。

高岡の銅器には末期を思わせる飾りの多い風が残って、度をすごしたものが多く、意匠に活き活きしたものが欠ける恨みがあります。[18]

あるいは、井波の「らんま」への評価にも類似の傾向を見ることができる。

それからこの県で他の国より盛んだと思われる仕事は欄間の木彫であります。富山市を始め井波町が仕事に忙しいのであります。象嵌も得意でありまして、技術はなかなか進んだものといえましょう。ただこれも〔高岡銅器と同じように〕江戸末期のごたごたした風が残って、無駄な労力をかけることが多く、出来るだけ細かな細工をするのを誇るようであります。しかしもっとあっさり簡素に作ったらどんなに仕事が活き活きしてくるかと思います。必要以上に手をかけることは、かえって美しさを害う所以なのを省みるべきだと思います。[19]

現在富山の民芸品で有名なのは、八尾の和紙である。とりわけ、桂樹舎が手掛ける芹沢銈介デザインのカレンダーは人気がある。「諸国民藝たくみ」の協力を得て日本民藝協会が編集した『柳宗悦　民藝の旅――〝手仕事の日本〟を歩く』[20]では、『手仕事の日本』において紹介された各地の民芸のうち、現存する民芸品が紹介されている。この本の中で、富山県の民芸品として紹介されているのは、この八尾の和紙のみである。[21]八尾の和紙の製作者として現在もっとも規模の大きい桂樹舎の創業者吉田桂介は、人間国宝（重要無形文化財保持者）の染色家芹沢銈介から型絵染の技術指導を受けた。民芸品が、地域に残るかどうかは、こうした民芸同人・個人作家による技術指導の有無が大きく作用するように思われる。この点、富山の陶磁器では、三助焼（砺波地区）はリーチらの訪問を一度だけ受けているが、越中瀬戸焼（富山地区）は柳らの訪問はなく、人間国宝の陶芸家で富山県出身の石黒宗麿の技術指導を受けているのみである。

このように、民芸がその地域で発展するかどうかは、民芸同人・個人作家が当該地域で技術指導などの地道な活動を行ったかどうかが一つの要因となっている。そこで、次節では、富山県の民芸運動を献身的に推進した三郷土人について触れ、柳が彼らにどのように関わったか見てみたい。

二　富山県の民芸運動を支えた三郷土人

現在、富山県には、三つの民芸館および関連施設があることは、既に述べた。この三つの民芸館の礎を築いた三人が富山県の民芸を支えた人だということができる。柳は、この三人の郷土人と直接交流があった。このことが、間接的にせよ、その後の富山県の民芸運動の礎となった。ここでは、三郷土人の姿を追うことによって、富山県の民芸運動の推移をたどりながら、柳の経営の一端をとらえてみたい。

最初に柳の知遇を得たのは、安川慶一（一九〇二―一九七九）である。安川は、一九〇二（明治三十五）年、立山町で生まれた。木工を目指し、高岡工芸高校を卒業後、富山の欄間師の中島杢堂（一八八九―一九六八）の許に弟子入りした。だが、不景気で仕事も少なくなっていたので、自身の方向性を模索していた。そんな時、安川は柳に出会う。一九二七（昭和二）年のことである。そして、この安川慶一と柳宗悦との出会いがその後の富山県の民芸発展に大きな影響を持つことになった。この二人の出会いは次のようであったと言う。

安川は、昭和二年に富山市の商工奨励館の推薦で、県外の工藝事情調査へ行くことになった。その時安川は商工奨励館の館長から、当時京都にいた柳宗悦を訪ねるようすすめられ、柳家の門を敲くことになった。〔……〕安川は初対面で緊張しながら自分の仕事について話すと、柳は奥の部屋から、彫りの仕事がされた木工品を幾つも持ってきて、その美しさを話し、それらの器物から勉強することをすすめたという。安川は思いもかけない厚遇をうけ感激した。そして、その日から柳宗悦の教えに、自分の人生を託す事を心に決めた。〔……〕民藝運動の実践部隊の一員として、最後まで民藝運動に邁進した。(22)

その時、柳のところまで案内してくれたのは、郷土の先輩石黒宗麿であった。安川は、柳宅に三泊するという厚遇をうける。

その後、安川は、河井寛次郎、芹沢銈介、バーナード・リーチ、濱田庄司、棟方志功、外村吉之介、柳悦孝といった民芸運動の同人たちと親交を持つようになる。一九二八（昭和三）年には、富山工藝会の創立に参加する。一九三四（昭和九）年ごろには、民芸協会の母体と考えられるグループを結成していたようである。[23]一方、一九三八（昭和十三）年に地元の名家中田家の当主である中田清兵衛らと朝鮮、中国旅行に行くなど、中田家とのつながりも深めていった。安川は、この中田家の援助もあり、一九六五（昭和四十）年に富山市民芸館を設立し、初代館長に就任している。安川は呉東の①富山地区に所属していた。

次に柳と知遇を得た吉田桂介（一九一五—二〇一四）は、一九一五（大正四）年に富山県の八尾で生まれた。安川と同様、呉東の①富山地区に所属していた。若い時期には三越百貨店で働くが、体を壊し、帰郷する。その後、和紙の製作をこころざすものの、いろいろと迷いがあり、一九三七（昭和十二）年に吉田は柳を突然訪問する。吉田はその時のことを次のように振り返っている。

一面識もない地方から出ていった若者に、どうしたことか柳先生は会ってくれた。〔……〕

その時、自分は和紙と縁を切ることができない。一道しっかり歩まなければならない。こんな思いを抱いて帰ったことを思うと、柳先生から相当の励ましの言葉をえたものであろう。(24)

柳との出会いにいかに大きな感銘を受けたかがわかるであろう。また、吉田が大事にしていた柳の著書『和紙の美』(一九四三)を富山大空襲で失くしてしまった折、その旨を柳宛ての手紙に書いたところ、「手許に残部とてないが、君のことだから一部送ろう」という柳の返事があり、このことについても非常に感激したという。以来、吉田は柳を終生恩師として、民芸運動に邁進していく。その後、一九四七(昭和二十二)年に柳のとりなしもあって、運動同人の染色家芹沢銈介に師事し、型絵染の技法を修得する。一九六〇(昭和三十五)年には有限会社桂樹舎を設立し、八尾の和紙の伝統を守っていく。一九八五(昭和六十)年には桂樹舎和紙文庫を開館した。

三郷土人の中で最後に柳との知遇を得たのが、高坂貫昭(一九〇五—一九九二)である。高坂は、一九〇五(明治三十八)年、富山県南砺市の光徳寺の第十八代目として生まれる。南砺市は呉西の⑥砺波地区に所属している。若いころから文学が好きで、柳が同人でもあった『白樺』などを愛読していた。若くして父母をなくし、祖母に育てられ、住職となるため、砺波高校を中退する。戦中から戦後にかけて富山県福光に疎開していた棟方志功とは、河井寛次郎との縁で戦前から交流があったようであるが、その棟方によって高坂と柳との出会いは実現する。

初めて柳先生のお顔を拝したのは、昭和十四年の秋であったと思う。小春日和のうららかな日に念願の民藝館を見学し、その帰り途でばったり御外出先からお帰りの先生に会った。もとより面識もない事で、唯立ち止まって後姿を見おくっていたことを覚えている。中学時代『白樺』を愛読し、その後は『工藝の道』をよみ、『工藝』『民藝』も読み、永い間尊敬していた先生であり、又河井先生よりもお会いするようによくおすすめを受けたのであったが、私如き者には何か近づき難い高い存在であった。それが因縁が熟して昭和二十年七月、当時私の弟の家に疎開して居られた棟方先生の一室で、親しく御謦咳に接するご縁を頂いた。棟方先生よりお招きを受けてはせ参じたら、炉端でどじょうの蒲焼で御夕食中であった。空爆下の物資不足の折柄、棟方先生ご一家のお心こもれる御接待であった。そして、翌日は拙宅に来て頂いて、三夜続いてお泊り頂いた。(25)

この出会いは、高坂の息子である高坂制立も「望外の勿体ないお言葉にその後の生きる道にどれだけの力になった事であろうか(26)」と述べているように、後に高坂の人生に大きなインパクトを残した。やがて、光徳寺は、民芸館になるとともに、砺波地方の民芸の中心になっていく。

以上の三人に共通するのは、柳との出会いが民芸の道に進んでいくきっかけになったことである。例えば、先に引用した安川と柳の出会いについての文章にも、「思いもかけない厚遇をうけ感激した。そして、その日から柳宗悦の教えに、自分の人生を託す事を心に決めた」とあるように、柳が三人を民芸の道に導いたのである。このことを別の視点から見ると、柳の卓越した人心掌握力・リーダシップを示すものと思われる。

三郷土人は二人が呉東の①富山地区もう一人が呉西の⑥砺波地区に属している。この属性は、そのまま富山県の民芸運動の地理的位置を反映しており、運動はこの二つの地域を中心に発展することになる。

三　富山県の民芸運動と中央の民芸同人——棟方志功と柳宗悦

富山県の民芸運動に対して、先に述べた三郷土人に加え、民芸運動の中央の同人である棟方志功と柳宗悦も直接・間接に大きな貢献を果たした。これについて、以下述べたい。

富山の民芸運動と棟方志功が果たした役割

富山県と民芸を考えるうえで、忘れてはならない人物が棟方志功である。民芸運動の同人である棟方志功も、三郷土人の一人、光徳寺の高坂貫昭との関係で、戦前からたびたび富山を訪れていた。その縁もあり、棟方は太平洋戦争時の疎開先に富山県の福光町をえらび、一九四五（昭和二十）年から一九五一（昭和二十六）年まで住んでいた。

ところで、これに前後して、棟方が後の作品の一大テーマを得るという出来事があった。それは仏教である。棟方に、初めて仏教を教えたのは、民芸運動の同人で官僚であった水谷良一であった。

柳は、〔棟方に〕民藝の同志で教養人の官僚水谷良一に仏教や能を習うことをすすめた。[27]水谷が教えた『華厳経』と謡曲の「善知鳥《うとう》」は、それぞれ棟方の板画の題材となっている。

棟方が初めて仏教をテーマにした作品「華厳譜」は、水谷から華厳教を教わった結果生まれたものであった。このように、柳が棟方の指導に水谷を派遣したことは、棟方の仏教への道を開き、その後の棟方作品の一大テーマとなった。この事実を別の角度からみると、水谷が棟方の仏教の理解と成長[28]をうながしたことは、柳の人事力・経営力の一つの表れと考えることもできるだろう。さらにこのことが、棟方に、富山の民芸運動における重要な役割を担わせることにもなる。

富山では、棟方の疎開前から、善徳寺や光徳寺を中心に高坂らによって民芸と仏教が融合したサロンが形成されていた。そこに疎開中の棟方も参画するのである。棟方のパフォーマンス[29]が真

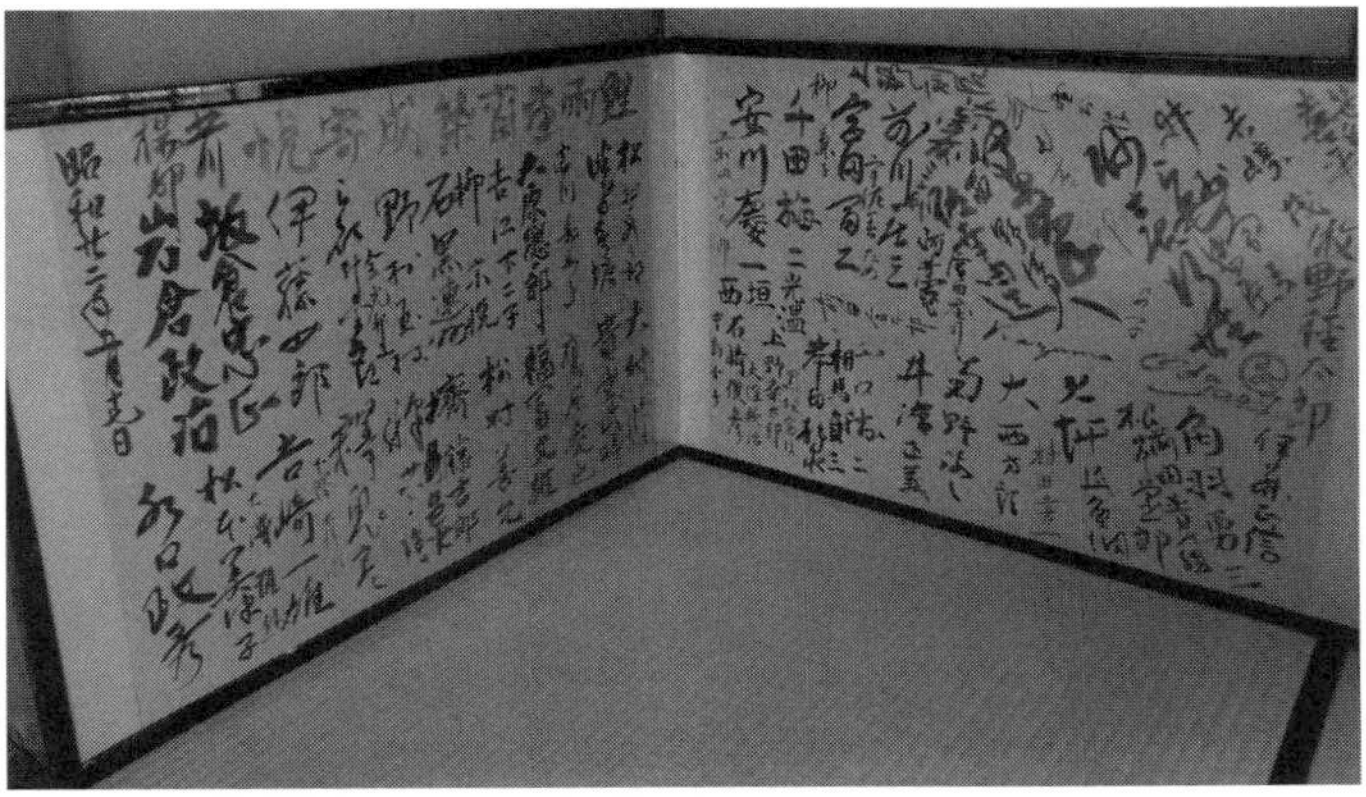

図6　棟方宅完成記念の寄せ書き（著者撮影）

宗・民芸サロンをおおいに活性化したことは、想像に難くない。金沢市の鈴木大拙館館長の木村宣彰が、「棟方と真宗の風土」と題して、二〇一五（平成二十七）年に福光美術館で行われた講演の中で、「棟方が南砺の地で学んだ人脈には大きく、二つの系統がある。ひとつは、清沢満之―曽我量深―吉田龍象の流れであり、もうひとつは、鈴木大拙―柳宗悦―高坂貫昭の流れである」[30]と語っているように、棟方は南砺で、仏教を学ぶとともに、民芸をこの地で親和させたのである。このように、棟方は民芸と仏教が融合した真宗サロンの拡大に、潤滑油として大いに貢献した。

次に棟方がしたことは、富山の民芸財界サロンと砺波の民芸真宗サロンの融合である。棟方の住んでいた家は現在もそのまま残っており、愛染苑と呼ばれ、一般公開されている。棟方は、その家のふすまや便所に、自在に絵を書いており、それが保存・公開されている。板戸にも鯉をかいていることから、この家は鯉雨画斎《りうがさい》とも呼ばれている。この愛染苑に棟方宅完成記念の寄せ書きのふすまがある（**図6**）。柳をはじめ安川慶一、大原總一郎、石崎俊彦などの七十一人の関係者が名前を寄せており、棟方志功によって、富山県の東西の民芸ネットワークが融和し、運動が拡大したことがよくわかる。

柳宗悦の富山訪問の折、棟方宅に一泊後、棟方を経由して高坂宅に三泊したことが、高坂貫昭と柳宗悦の出会いとなったことは、先に述べた通りであるが、こうした新たな出会いを取り結ぶ役割も果たしていた。

またその融合については、棟方自身の記述からもうかがうことができる。棟方は、福光時代、松村謙三、河合良成、安川慶一、中田清兵衛、勇吉らの支援をうけていたと書いている。[31][32] 注目すべきは、これらの人々が、疎開していた砺波地域だけでなく、呉東と呉西にまたがっていることである。このように、棟方は、富山県の東西にわたる民芸ネットワークの潤滑油となり、呉東と呉西の民芸を結びつけ、活性化させた。先のふすまは、そのことをシンボリックに示すものと言えよう。

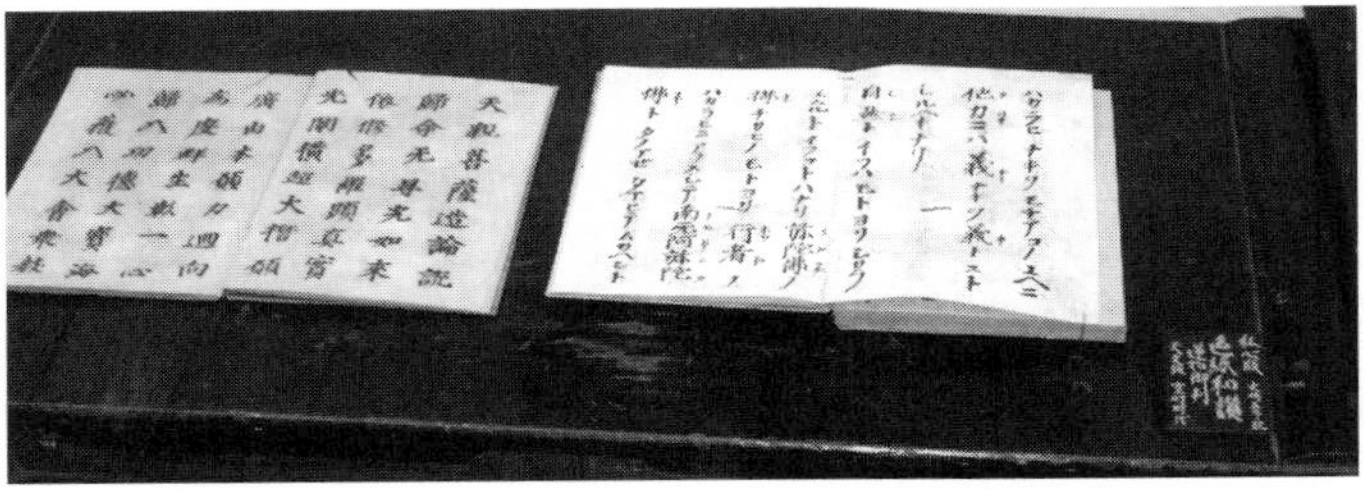

図7　色紙和讃（著者撮影）

柳宗悦の色紙和讃との出会いと『美の法門』

柳は戦後も富山にたびたび訪問し、わかっているだけで少なくとも戦前に三回、戦後に十回以上富山を訪れている（富山市民芸館調べ）。

柳が長期滞在した城端別院善徳寺は、一四七〇年ころ蓮如証人が創設した真宗大谷派のお寺で、別院というのは、東本願寺の別院という意味で格の高さを表している。城端別院の本堂は二百五十年間一度も焼失したことのない立派なものである。

高坂からその存在を教えられ、柳は、色紙和讃（**図7**参照）を一九四六（昭和二十一）年に城端別院で見て、その美しさを絶賛する。柳はこの時の感動を著書『蒐集物語』に、「私は思わず感嘆の声を放った。こんなにも美しい版本を生まれてから見たことがない[33]」と書き記している。

色紙和讃とは、親鸞聖人の教えが平易に書かれた朱と黄色の美しい本である。二〇一一年度から各地を巡回した柳宗悦展に伴って、日本民藝館とNHKが作成した映像（DVD「名もなき美の探求・柳宗悦の世界」）では、柳にとっての色紙和讃を、「美と仏教のつながりを知るきっかけとなった。〔柳は〕信仰が美を生み出す感動を得たのです」と紹介している。

柳は、一九四六（昭和二十一）年、富山市の中田勇吉宛の手紙に、「城端別院の文明版蓮如開板の御和讃は、見とれるほど美しく造本の最高を行くもの思ひがけぬ眼福でありました[34]」と書いている。また、次のような既述もある。

法主または御連枝《ごれんし》〔兄弟のこと〕の用というが、その最美なものを越中城端別院に見ることができる。黄と朱との紙が交互に用いられ、周囲に箔置を施したもので、その美麗なると、有名な光悦本に勝るとも劣らない。私だったら、国宝に列せしめるであろう[35]。

色紙和讃を見た二年後の一九四八（昭和二十三）年、柳宗悦五十九歳のとき、柳は善徳寺において『美の法門』を書き上げる。『大無量寿経』の第四願を読み返しているうちに、民芸と宗教のつながりについて認識したのである。

『美の法門』には、その時のこととして、次のようにある。

何か釈然として結氷の溶けゆく想いが心に流れた。この一願の上にこそ、美の法門が建てられてよい。そう忽然自覚されるに至ったのである。[36]

図8　柳宗悦五十回忌献花式（2010年6月5日，著者撮影）

柳は、名も無き職人が作り出す器がなぜ美と結びつくのかという、長年の疑問が氷解するのを感じたのである。第四願の「無有好醜の願[37]」とは、「たとい我仏を得んに　国の中の人天　形色不同にして好醜あらば　正覚を取らじ」である。「私が開く浄土に美と醜の対立があったら、私は仏にならない」という意味であろうか。法蔵菩薩の願である。

柳が『美の法門』を書いた部屋は、いまだに残されており、中庭に面した、落ち着いた部屋で、御広《おひろ》敷《しき》の間《ま》と呼ぶ。その中庭には記念碑があり、「美の法門」と記されている。実はこの碑が、次節以降で述べる富山民藝協会の分裂に関係する。**図8**は、二〇一〇年に行われた「柳宗悦五十回忌献花式」のものである。このように、地元の人々は、柳の功績を今なお語りついでいることがわかる。富山市民芸館にも、この碑の写しが展示してあった。これらのことは、富山県の民芸界において、柳が善徳寺で『美の法門』を著したことの大きさを表しているように思われる。

ここで少し『美の法門』の位置付けについて紹介しておこう。一九四八（昭和二十三）年九月十一日付の、柳から外村吉之介へ宛てた書簡には、「長い滞在でしたが、方〃へ引廻され仕事は半量でした、併し重要な一篇を書き上げ、之を大会の折読んで皆に聞いてもらうつもりです」[38]とある。ここで「長い滞在」とは、むろん、城端別院での長期滞在のことであり、「読んで皆にきいてもらうつもりです」という言葉からは、同書に対する柳の積極的な思いを感じとることができるだろう。そして、京都での民芸協会全国大会で『美の法門』は発表され、棟方志功が感激のあまり柳に抱きついた、という有名な逸話が残っている。

柳自身は、『美の法門』の執筆を新たな出発と捉え、次のように述べている。

まもなく私の齢は、暦を一円して、元に還るに至った。これをしおに私のかねがねの美論にも一つの整理を与えたいねがいである。考えるとこれは今までの思想の結論ともいえるが、むしろこれを新たな発足として前にすすみたいのが私の願である。[39]

鶴見俊輔も、その著書の中で、「柳には、民芸運動が見落とした様々なこと、歩むことのなかった様々な道が、一挙に見えたにちがいない[40]」と『美の法門』を高く評価している[41]。柳や棟方のこうした活動との関わりの中で、富山県で民芸協会が設立され、富山県の民芸運動は推進されるのである。

四　富山民藝協会の設立と分裂

富山民藝協会の設立

先述の通り、高坂との戦前の縁もあって、一九四五（昭和二十）年から六年間、棟方が福光に疎開し、これが富山の民芸運動の発展に大きな役割を果たすことになった。

一九四五（昭和二十）年七月、棟方宅に宿泊していた柳宗悦は、高坂宅にも三泊することは前に述べた通りだが、柳は、同月、北陸銀行元頭取の中田宅も訪問する。また、私家本『中田家開祖三百八十年[42]』の中に、柳は中田家の業績を賛辞する一文を寄せている。柳は、その後も中田邸を訪れており、両者の関係が良好なものとして形成されたことがうかがえる（**図9**）。

このような関係の中で、地元最大の地銀である北陸銀行元頭取の中田勇吉が、柳の協力者、「民芸シンパ」になるのである。

図 9　中田邸を訪問した柳宗悦（1948 年 3 月 7 日）（『民藝』753 号, 2015 年より）

柳の人心把握力によって、つぎつぎに民芸シンパをつくりあげ、役者がそろったところで、一九四六（昭和二十一）年、富山民藝協会の設立となる。ここには、中田勇吉、安川慶一、吉田桂介、高坂貫昭、棟方志功ほかが集まり、初代会長には中田が就任した。「財界」も「真宗」もしっかり取り込まれた形で民芸協会ができたのである。この両者を結ぶ存在として棟方志功が富山にいたのも、大きかったように思われる。棟方独特のパフォーマンスで呉西と呉東の民芸グループの融和が保たれていたというのは、想像に難くない。

富山民藝協会の分裂

しかし、その棟方志功は、一九五一（昭和二十六）年、富山での疎開を解消し、東京に転居してしまう。呉東と呉西の民芸界の潤滑油であった棟方がいなくなったためか、富山民藝協会は東西に分裂してしまう。

柳は一九五六（昭和三十一）年末以降、病に倒れ、以後は基本的に東京で養生することになるが、これに砺波の僧侶たちが危機感を覚え、財界サロン中心だった富山とは別れて、一九五七（昭和三十二）年に、理論中心、真宗中心のとなみ民藝協会設立となった。前節で見た柳の碑を善徳寺に建てようという動きもこの分裂の一つの契機になったようである。

富山県の民芸運動のその後

一九五八（昭和三十四）年、善徳寺で、「美の法門」碑序幕式を迎え、濱田をはじめ多数の民芸関係者が参列する。しかしその後、一九六一（昭和三十六）年、柳宗悦は死去する。柳宗悦の死後、一九六五（昭和四十）年に中田家の援助を得て、古い家を移築・改装した上で、富山市民芸館を開館する。先にも述べたように、初代館長には安川慶一が就任している。また、遅れて一九八五（昭和六十）年には、古い小学校を移築して、吉田桂介の手によって、桂樹舎和紙文庫が開館する。

その後の富山県の民芸界の最近の動きとして以下のものがあげられる。

第一が水木省三の地道な取り組みである。一九七三（昭和四十八）年、「日本民藝青年夏期学校」の開催を当時の民芸協会の外村吉之介に提唱し、以来、夏期学校は継続して開催される。二〇一五（平成二十七）年にも、金沢で夏期学校が開催され、水木が校長を務めている。また、少年夏期学校も長年継続し、地道な取り組みを続けている。

第二が太田浩史の新しい取り組みである。光徳寺の前住職の故高坂制立とともに、一九九七（平成九）年に善徳寺で行った『美の法門』の勉強会や、故久野恵一とともに二〇〇七（平成八）年「民藝を考える有志の会」、二〇〇八（平成九）年「民藝運動を推進する会」への参画などで、独自の取り組みを見せたとなみ民藝協会会長の太田住職は、『土徳』を発信し、注目を集めている。

五　高岡市美術館「第一回民芸品展」の開催

前節まで、富山における民芸運動の展開に深く関わった人物を幾人か紹介してきた。ただ、それらのうち、中田、安川、吉田は呉東の①富山地区に所属し、他方、高坂、棟方らは呉西の⑥砺波地区に所属することになっており、民芸協会が組織されて以後も、依然として、呉西の実力都市である高岡は、民芸運動の空白地帯であった。柳はその事実を的確に認識しており、この空白地域を埋めるべく、一九五四（昭和二十九）年には高岡市美術館で「第一回民芸品展」という展覧会を開催するのである（**図10**）。

図 10　高岡市美術館での「第一回民芸品展」（高岡市美術館提供）

図 11　高岡市美術館での柳宗悦
（高岡市美術館提供）

この展覧会は、全集に収録されている柳の詳細な年譜や運動の機関紙等にも掲載されておらず、歴史の中で埋もれていた。しかし、同年八月十四日の『朝日新聞』にも「高岡地方は昔から美術的工芸品の生産地として知られているが、その性格からいって民芸品としての要素を多分に持っており、展覧会の開催を各方面から要望されていた」(「逸品二百余点　高岡で民芸展」、『朝日新聞』一九五四年八月十四日)とあるように高岡待望の企画でもあった。高岡が空白地となったことは、もともと富山県の民芸運動を推進した三郷土人が富山地区と砺波地区に所属していたことが大きな理由だと思われるが、柳の高岡銅器への批判も影響していたのかもしれない。当時の責任者は高岡市の堀市長であるが、展覧会の主催である高岡市もこのあたりを意識して、随分力を入れているようである。高岡市文書による開催趣旨には、「高岡地方は、昔から美術的工芸品の生産地として知られているが、その性格からいって、民芸品としての要素を多分に持っており、展覧会の開催を各方面から要望されていた」(高岡市美術館稟議書より)と先の新聞記事と同様の記述があり、やはり、地元の高い要望を受けていたことを示している。

展覧会開催前日の十月十七日には、高岡市の片原横町の「大昌楼」で、事前の懇親会が開催されている。ここには、安川のほかに柳も参加している。他に高岡市の実力者数名も参加している。(43) 高岡市内の文化人・実業家・商人などの実力者を集めて、なんとか動かそうとした双方の意図がうかがえる。

他方、柳のほうも、随分力がはいっていたものと思われる。そのことを示す状況を、以下にいくつかあげてみよう。

第一に、当時、原則として貸し出すことを禁じていた東京駒場の日本民藝館の所蔵品を、五十点あまり、柳が貸し出していること。

第二に、柳は自ら講演もしたようである（図11）。さらに、スライド映画も上映するなど、運営面でも多くの協力をしていた。後に高岡市美術館の館長になった定塚武敏は、柳の展示指導は厳しかったと述べているようだ。[44]

第三に、この展覧会をわざわざ「第一回」と銘打っていることである。一つは、これからも展覧会を継続させる意思を読み取ることができる。もう一つは、日本民藝館の所蔵品をわざわざ東京からもって来る本格的な民芸の展覧会は初めてだ、という意味が込められていたのではないかと思う。[45]こういう民芸未開拓地域への開拓は、沖縄の日本民藝館分館開設にも似た、柳の強い意志が感じられる。

しかし、こうした柳の思いにもかかわらず、入館者数は高岡市の目標の一八九〇名を大きく下回り、八七七名であった。入館料収入目標も四万一一五〇円に対して、二万四九二五円にとどまっている（当時の一人あたりの一般入場料は三十円であった）。[46]入場者数が低迷したためであったろうか、「第二回」は開かれることはなく、他方、柳は、一九五五（昭和三十）年十一月に心臓発作を起こし、次第に健康を害していく。そしてこの企画展は、いつのまにか、歴史の中で忘却されていったのである。

おわりにかえて――富山県の民芸運動の拡大で発揮された柳宗悦の経営力

富山県の民芸運動のまとめ

柳の経営力・人心掌握力によって、安川、高坂、吉田が民芸運動に邁進したことは、第一節で述べた通りである。これが、富山の民芸界の原点であり、推進力となった。

また、富山最大の地銀の北陸銀行の元頭取・中田勇吉をバックにつけたことも大きい。このことについては、柳が中田宅に訪問し、手紙を書くなど、きめ細かい対応をしている。これも、財界からの資金調達を重視した、柳の経営力を示すものと考えられる。この結果、富山市を中心とする民芸財界サロンが形成された。

もう一つ、棟方志功が富山・福光に疎開して、真宗および民芸ネットワークの中に入ったことも重要である。さらに、棟方は、呉西と呉東の民芸界の潤滑油となった。呉西の砺波と呉東の富山地区が合同して一九四六（昭和二十一）年に富山民藝協会が結成され、初代会長に中田勇吉が就任している。その後、棟方の転居もあり、富山民藝協会がとなみ民藝協会と富山民藝協会の二つに分かれる。ただ、このことは、富山民芸界にとってプラスだったのか、マイナスだったのか、見解の分かれるところである。

三郷土人の中で職人でもあった吉田は芹沢の型絵染の技法を吸収した。このことで、八尾の和紙は大きく発展した。[47]三郷土人のもう一人の安川慶一は、技術指導を受けるというより、技術指導をした側である。ただ、その技術指導は富山県内向けではなく、柳の指示もあって、長野県の松本民芸家具に集中した。その結果、富山での民芸同人の個人作家による継続的な技術指導は、八尾の和紙に対する芹沢の指導のみであった。現在富山の民芸品がほぼ八尾の和紙に限られるのは、このあたりの要因が大きいようにも思う。

柳の高岡銅器・井波らんまへの低評価が、高岡を中心とする呉西地区の民芸熱を冷ましていたことは、想像に難くない。そのてこ入れもあってか、柳は、一九五四(昭和二十九)年十月高岡市美術館で「第一回民芸品展覧会」を企画・開催する。しかし、柳が一九五五(昭和三十)年十一月に最初の不整脈による心臓発作を起こし、以後急速に体力を落としていったこともあり、二回目以降は実施されなかった。とはいえ、柳の経営ということを考えた時、あえて「第一回」と銘打ち、ここでの「民芸展」を根付かせようしたことの意味は大きい。それはいわば、民芸空白地域高岡を開拓するという経営戦略的な意思ではなかったのだろうか。

地方民芸協会拡大で発揮された柳の経営力

最後に本章で見ることができた柳の経営力について改めてまとめておきたい。柳は富山の民芸運動の拡大の中で、次のような点で経営力を発揮したのではないか。

第一が、三郷土人に対して発揮された卓越した人心把握力である。富山県の歴史のところで述べた通り、一回の出会いで、三郷土人を柳のとりこに、また民芸のとりこにした柳の人心掌握力は卓越したものがある。柳は、また、安川を、京都の柳の自宅で三泊させる。高坂には、逆に自分が三泊する。吉田には、『和紙の美』という本を贈呈する、等々きめ細かい配慮も見せている。結果、三人とも、民芸シンパとして、その後の民芸運動の牽引役になる。

第二が、中田や佐藤などの富山財界人へのフォローと注力である。柳は、中田家へ二回以上訪問するとともに、『中田家開祖三百八十年記念』という私家本にも一文を寄せるという配慮をしている。また、佐藤工業のオーナーで、北日本新聞社長の佐藤助九郎のところに、リーチを派遣するなど、財界・マスコミの影響力を十分認識して、重点対応している。

第三が、棟方の教育に水谷を指名する人事力である。棟方の教育役に、水谷を使命したのは、柳である。棟方は、初めて仏教を題材とした『華厳譜』という作品を生んでいる。以後、仏教が棟方の作品の一大テーマになる。適正な人材を教育役に任命する柳の人事構想力がみてとれる。

同様のことは、吉田の教育役に芹沢を選んだことでも言えるであろう。

第四が、民芸全体を考えて、安川を松本に派遣した人事力である。本論では詳しくは論じていないが、柳は、富山県のみならず、民芸全体を考えて、安川を松本民芸家具に派遣する。この策は見事に的中し、北陸銀行の新潟支店の仕事により、松本民芸家具は財務状況が急速に改善し、現在、安川式という名称が残っているほど、松本民芸家具への安川の貢献は絶大である。松本市から安川は有功賞を受賞している。柳の民芸運動全体を考える高い視野とバランス感覚を表していると思う。

第五が、第一回民芸品展を高岡で実施した柳の地域戦略である。一九五四（昭和二十九）年十月の高岡市美術館での展覧会「第一回民芸品展」は、民芸を全国に拡大していくことを目指していた柳の民芸空白地域での民芸開拓を目指す地域戦略が読み取れる。

第六が、第一回民芸品展の前日に開催された懇親会で、高岡市内の財界人・文化人などの実力者を集め、なんとか高岡での民芸運動を推進しようとしたこと。これは、柳の企画力・実行力の表れではないか。

以上のように、富山県での活動は、直接・間接に柳の経営力とこれが空間的に拡大したことを明らかにしてくれるのではないだろうか。

第五章　受け継がれる柳の思想と大阪日本民芸館の経営——大原總一郎から弘世現へ

はじめに

民芸館が民芸運動における中核的組織であることは第三章でも述べた通りである。一九三〇年代以降の中央から地方への拡大という運動の歴史の中で、民芸館も中央から地方へと拡大していった。まず、一九二六（昭和十一）年に柳らが東京駒場に日本民藝館を創設する。柳の生前、地方では一九四八（昭和二十三）年に倉敷で、一九五〇（昭和二十五）年には鳥取で、それぞれ民芸館が創設される。柳の死後にも民芸館は次々と設立されている。その一つに大阪日本民芸館がある。東京に次ぐ第二の都市（圏）である大阪で創設され、建物規模では全国の民芸館の中でも最大級である。この大阪日本民芸館の設立の経緯を考察することは、運動の継続性とそれを支える組織という点において、柳の経営の全体を考え得るという可能性がある。そこで本章では、柳の思想や経営が、柳の死後どのような形で時間的拡がりの中で継承されたのか、大阪日本民芸館を例にあげて考察したい。

民芸運動の創始者柳宗悦が没したのは一九六一（昭和三十六）年五月である。柳没後、民芸運動は急速に衰退したかというと、必ずしもそうではない。むしろ、柳没後の一九六〇年代から一九七〇年代にかけて、民芸ブームが訪れるのである。その民芸ブームの最中、柳の没から数えて九年後となる一九七〇（昭和四十五）年の三月一日から九月十三日にかけて、大阪で日本万国博覧会（以下、原則として「万博」と略）が開催される。その入場者数六千四百万人は、二〇一〇（平成二十二）年の上海国際博覧会まで、万博史上最多であった[1]。この万博のパビリオンの一つであった日本民藝館（以下、このパビリオンとしての民芸館を「万博・日本民藝館」と記す）への入場者数は二百十万人に上り、同万博の万国美術館（後の国立国際美術館）への入場者数百七十八万人をも超えている。あまり適切な比較ではないかもしれないが、日本で一美術展での最高入場者数を記録したのは、一九七四（昭和四十九）年に東京国立博物館で開催された「モナ・リザ」展の百五十一万人とのことである[2]。会期が大きく異なるのでその「人気度」を比べるわけにはいかないが、実数としては、これをも上回る人々が「万博・日本民藝館」を訪れ、ここで、

「民芸」を見ているわけである。[3]

この「万博・日本民藝館」の存在には二つの意義があった。一つは、ここに示したように二百十万人もの人々に、民芸運動を主導した柳宗悦らが蒐集した民芸品を通して、日本の伝統的な手仕事や暮らしに息づく美を紹介できたことである。そしてもう一つは、「万博・日本民藝館」が母体となり、大阪日本民芸館という恒久的な施設を残したことである。

筆者は二〇〇七（平成十九）年四月から二〇一六（平成二十八）年三月までの九年間、大阪日本民芸館の学芸員・常務理事を務めていたが、その際、「万博・日本民藝館」の来場者から、「万博で民芸館に来て民芸のファンになった」という話をよく聞いた。すなわち、後の大阪日本民芸館たる「万博・日本民藝館」が民芸運動の中で果たした役割は小さくないのである。ところが、万博開催から五十年超を経過した現在、大阪日本民芸館は、同じ万博記念公園内にある国立民族学博物館、あるいはその施設の一部と勘違いされることが多い。大阪日本民芸館が万博のパビリオンの一つを引き継いだものであるという歴史を知る人が少なくなっているのである。

筆者は、大阪日本民芸館を退職した後、その歴史を考えるうえで重要と思える二つの資料に出会った。一つは「万博協会常任理事会議事録」[4]、もう一つはクラレの元監査役秀平政治[5]の未発表原稿[6]である。この二つの資料から、大阪日本民芸館の発足の経緯について、在職中に知りえなかった事柄を知ることができた。すなわち、一つが倉敷レーヨン（現クラレ）の元社長で民芸運動を積極的に支援した大原總一郎にかかわること。もう一つが日本生命の元社長弘世現にかかわることである。

本章では、この二つの資料から、これまで論じられていないであろう「万博・日本民藝館」と大阪日本民芸館にまつわる事象を紹介したい。

大原總一郎が万博の際、パビリオンとして民芸館の出展を提唱した一人であることは間違いない。例えば、濱田庄司の後を継いで、大阪日本民芸館の二代目館長となった柳宗理も、大阪日本民芸館の二十五周年に寄せた文章において、「大原總一郎の肝いりで大阪日本民芸館が建立された」としているように[7]、これは比較的広く知られているところである。しかし、一九六八(昭和四十三)年の大原總一郎の急逝を受けて、大原に代わり出展協議会委員長となり、その後「万博・日本民藝館」の館長(濱田庄司は名誉館長)、そして財団法人大阪日本民芸館の初代理事長となった弘世現の存在を知る人は少なく、管見の限り、大阪日本民芸館と弘世現との関係を論じた研究はない。

なんらかの事業を興し運営していくためには、リーダーシップを有した人物の存在が望ましいと思われるが、このリーダーシップにはおそらく二つの種類がある。新しいことを始めるためにリーダーシップが必要なのはもちろんであるが、その事業を続けるためにもリーダーシップが必要ということである。本章の事例の場合、前者(大阪日本民芸館の設立)については大原が、後者（大阪日本民芸館の継続）については弘世がそれぞれ重要なリーダーシップを発揮した。そこで、今回、大原に加えて、「万博・日本民藝館」および大阪日本民芸館において、後者のリーダーシップを発揮した弘世現についても取りあげてみたい。

「万博・日本民藝館」の発足の経緯については、民芸運動の機関紙である『民藝』において、大原總一郎を委員長とする万博日本民藝館出展協議会が一九六八（昭和四十三）年四月、万博への出展を契約し、展示・企画・陳列は日本民藝館が行うという報告がなされている。[8]

また、一九七〇（昭和四十五）年の万博開催時には、同誌に、「万博・日本民藝館」が特集され、弘世現が「開館披露式の挨拶」として、「もともと日本民芸館は、倉敷レイヨン株式会社前社長、故大原総一郎ならびに川勝堅一氏のお声がかりによりまして企画せられ、〔……〕」と述べている。[9] 同号では、当時の日本民藝館の館長で「万博・日本民藝館」の名誉館長となった濱田庄司も、「地元有志十七社の協賛を得て万博日本民芸館運営委員会が組織され、〔……〕」と発足経緯について触れている。[10] また、大阪日本民芸館の館内資料でも、一九六七（昭和四十二）年九月、万博日本民芸館準備委員会発足が発端とされてきた。

すなわち、「万博・日本民藝館」から大阪日本民芸館へと至る歴史は、大原の声かけによって万博への民芸館出展のための組織（万博日本民芸館準備委員会）が結成された時点から始まったとされてきた。しかし、先述の「万博協会常任理事会議事録」からは、これよりも前に、やはり大原が中心となって企画された別の動きがあったことがわかるのである。ここでは、「万博・日本民藝館」にまつわる、この知られざる「前史」を紹介する。

民芸運動とこの運動における大阪日本民芸館の位置について、簡単に確認しておきたい。民芸運動は公的には一九二六（大正十五）年の「日本民藝美術館設立趣意書」に始まるとされる。民芸運動は柳宗悦が中心となって創始されたものである。「すでに衰退の途上にあった地方の日用雑器を、産業化・量産を達成すべき日用の消耗品でなく、美の対象として再解釈し、それらを「民芸」と名付けて、主に都市における嗜好品として価値づけた」[11]運動である。一九三四（昭和九）年に日本民藝協会、一九三六（昭和十一）年に日本民藝館が東京に設立され、これに前後して、逐次地方へも民芸運動がひろがっていった。そして、地方の民芸協会と、それに併行する形で地方民芸館も設立されてきた。大阪日本民芸館もこの地方民芸館の一つと考えられる。

民芸館を考察した研究は、これまでにも複数ある。東京駒場の日本民藝館については、同館に勤務していた経歴を持つ水尾比呂志が詳細に記している[12]。また、吉田憲司は都市生活者と地方の工人たちに対して、新たな生活と創作に一つの準拠枠を提示することを、民芸館の果たしてきた役割だと述べている[13]。このことはすなわち、民芸運動における地方の存在が重要であったことを示しており、この点において地方の民芸館の存在も注目に値する。地方民芸館のうち、鳥取民藝美術館については、木谷清人が『吉田璋也の世界』[14]の中で、その設立経緯を述べている。倉敷民藝館については、小畠邦江が民芸運動の初期から民芸同人であった外村吉之介、大原總一郎らの関わりの中で、ここが設立された経緯を明らかにしている。[15] そして大阪日本民芸館については、小野絢子が初めて本格的な研究を行っており、[16] 関西の民芸運動における大阪日本民芸館の位置づけを展示の視点から明らかにしている。このように近年、地方民芸館についての研究も蓄積されてきている。しかし、大阪日本民芸館の発足経緯については、この小野の研究では、展示が考察の中心であるためか、先の『民藝』における記事と同様の内容である。

これ以外にも大阪日本民芸館に言及した記述・研究はいくつかある。例えば、志賀直邦は、民芸運動の歴史を網羅した著書において、「柳亡き後の民藝運動」の一つとして大阪日本民芸館の設立を扱っているが、その発足の起点は、やはり一九六七（昭和四十二）年九月とされている。[17] このように、従来の民芸研究の中に、「万博・日本民藝館」および大阪日本民芸館に関して、大原から弘世に続く詳細な経緯を示したものはない。そこで本章では、上記資料をもとにこのことを明らかにしていきたい。その作業を通して、民芸運動の中での大阪日本民芸館の位置づけをより明確化できると考えている。

以下、第一節で柳没後の民芸運動について概説したのち、第二節では大阪日本民芸館の概要について述べる。第三節では、大阪日本民芸館創設の貢献者大原總一郎と「万博・日本民藝館」出展に至る経緯について述べる。次に第四節では、大阪日本民芸館創設・継続のもう一人の貢献者弘世現について、その果たした役割を検討し、これら二人の「貢献者」と大阪日本民芸館との関わりついて考察することとしたい。第五節では、柳宗悦と大阪日本民芸館との関係について言及する。先ほども述べた通り、大阪日本民芸館は「日本民藝美術館設立趣意書」の流れを汲み、民芸運動の中の一地方民芸館である。したがって、民芸運動の創始者である柳宗悦から何らかの影響を受けているはずである。柳宗悦の思想やその経営が時間的展開を超えて、大阪日本民芸館に与えている影響について検討してみた。

一　柳没後の民芸運動

一九六一（昭和三十六）年五月三日、民芸運動の創始者柳宗悦は七十二歳でこの世を去った。四日後の五月七日に告別式が日本民藝館で行われ、葬儀委員長は大原總一郎が務めた。同年五月二十日、日本民藝協会全国理事会が開催され、新たな日本民藝協会長には大原總一郎が、日本民藝館館長には濱田庄司が選任された。柳が死去したからといって、民芸運動は急速に衰退したということではないようだ。たくみの元社長の志賀直邦は、その著書の中で「濱田館長をはじめ民藝の同人たちの行動はより活発になります」と述べている。[18] 実際に、柳の死後、地方には続々と民芸館等が設立される。一九六二（昭和三十七）年には松本民芸館、一九六五（昭和四十）年

熊本国際民藝館、一九六五（昭和四十）年富山市民芸館、一九六五（昭和四十）年日下部民藝館、一九六七（昭和四十二）年愛媛民藝館、一九七〇（昭和四十五）年大阪日本民芸館、一九七四（昭和四十九）年出雲民芸館、一九七五（昭和五十）年日本民藝館沖縄分館、一九八三（昭

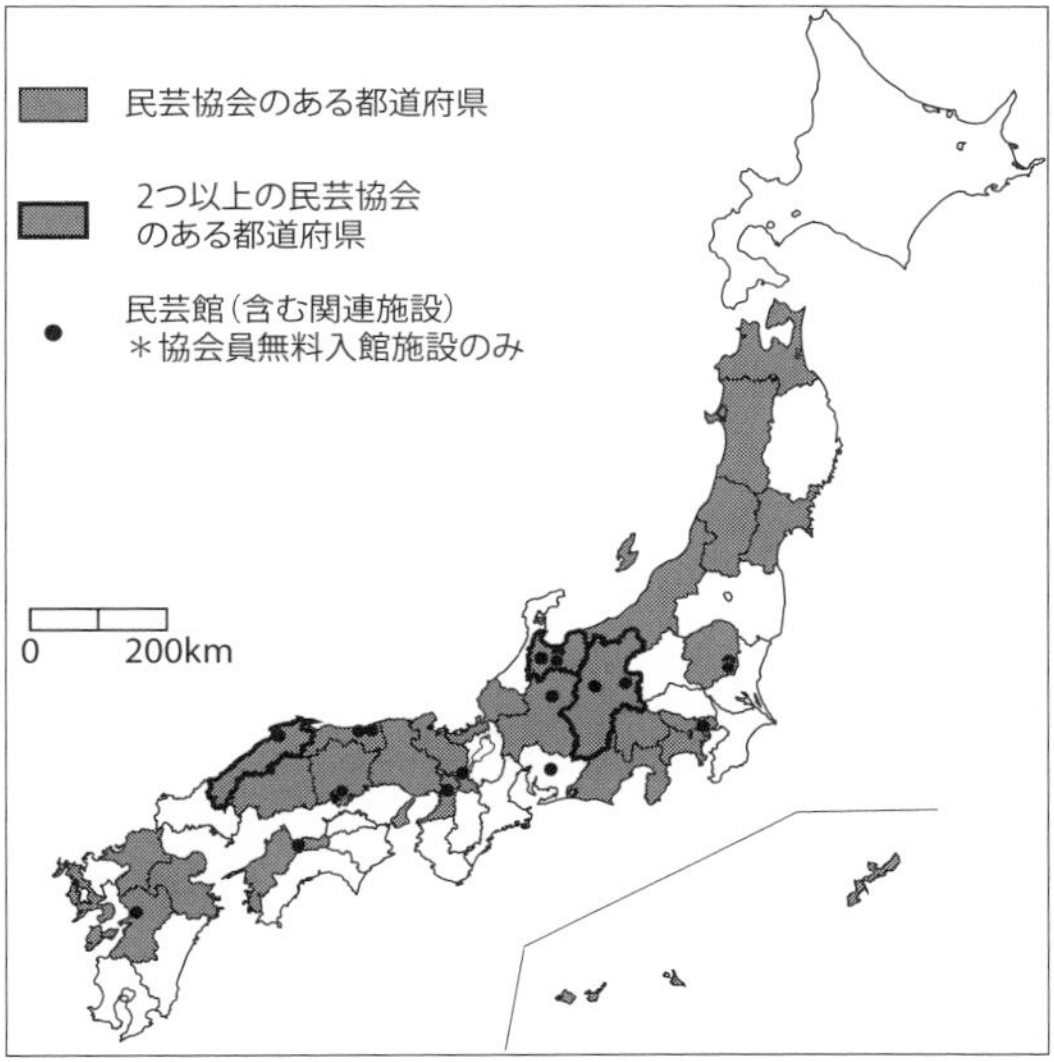

図 12　全国の民芸協会および民芸館（2015 年）

和五十八）年豊田市民芸館、二〇〇四（平成十六）年出羽の織座米澤民藝館等が設立されている。小野は「日本民藝館、倉敷民藝館、鳥取民藝美術館以外の民芸館は、柳の死後に開館している」と重要な指摘をしている。[19] 柳の生前には、日本、倉敷、鳥取という三つしかなかった民芸館が、柳の死後には、九館の民芸館（松本、熊本、富山、日下部、愛媛、大阪日本、出雲、豊田、米澤）が創設される。大阪日本民芸館もその一つである。この九つの民芸館は、そのほとんどが、地方民芸協会お

よび会員との関係で設立されている。第四章で述べた富山市民芸館もその一例となろう。柳は中央の民芸協会の初代会長を務め、地方の民芸協会の会員に、柳の思想は受け継がれていく。しかし、ただ一つ、地方民芸協会とは別の枠組で設立された民芸館がある。それが大阪日本民芸館である。大阪日本民芸館は、地方民芸協会の主導ではなく、二人の財界人を通じて、柳の思想が受け継がれた興味深い事例である。本章では、この大阪日本民芸館に柳の経営や思想がどのように受け継がれたかを検討してみる。

さて、柳の死後、つまり一九五一年以降、いわゆる「民芸ブーム」が起きる。濱田琢司はこの民芸ブームについて、以下のように重要な指摘をしている。

> 民芸ブームなどといって、大きな消費のブームになることということ自体、それなりにすごいことなのではないだろうか。そもそも工芸の一分野としてつくられた造語がこれだけ一般化することも、そう頻繁にあることではないだろう。[20]

筆者も同感である。濱田はこの民芸ブームが雑誌『アン・アン』や『ノンノ』と結びつき幅広い年齢層と幅広い階層に民芸が浸透することになったことを指摘している。このことは、民芸の堕落だという見解もあるようであるが、民芸の浸透を通じて生じた地方文化、手仕事への理解・

尊敬は日本人の文化度の向上に寄与することが大きかったように思う。この民芸ブームを推進したのは、一面においては、やはり民芸館と民芸協会であった。

図12に示しているのは、全国の民芸館と民芸協会の状況である。現在、会員の高齢化もあり、退潮傾向にあるとはいえ、ともに一定の拡がりを維持していることがわかる。このように、柳の死後にも民芸運動が隆盛した理由は、様々あると思われるが、その一つの要因として、柳が生前に経営の手腕を発揮して、運動全体を合理的に組織していたことも考えられるのではないか。

大原は、柳のことを「あれだけの思想をもち、あれだけの運動を提唱された、一世の達人であった[21]」と尊敬の言葉を残している。一方の弘世も具体的な言葉は残っていないが、柳のことはよく話していたという証言がある。[22]柳が時代を超えて大阪日本民芸館に与えた影響・果たした役割について、大原から弘世へ、そしてさらに現在にいたるまで、どのように受け継がれたか、あるいは、どのように受け継がれているかを考察してみたい。

二　大阪日本民芸館の概要

大阪日本民芸館の外観・立地・建物の概要

大阪日本民芸館（**図**13）は大阪府の万博記念公園内にある。広大な万博記念公園の中でも、中

図 13　大阪日本民芸館の外観（2009 年 6 月 23 日，著者撮影）

図 14　大阪日本民芸館の外観（2012 年 6 月 24 日，著者撮影）

図 15　大阪日本民芸館第 2 展示室（2015 年 5 月 10 日，著者撮影）

央部よりやや北東に所在し、国立民族学博物館の隣に位置する。万博公園内の大阪日本民芸館からは、太陽の塔の後ろ姿が見える（**図14参照**）。そんな位置に大阪日本民芸館は立地している。敷地面積・建物延床面積は日本の民芸館の中では最大級である。建物所有者の大阪府の資料[23]によると敷地面積三〇七〇平方メートル、建物延床面積二二〇六平方メートルである。館の大きさが民芸運動における位置を示すものではもちろんないし、立地ほか様々な影響もあるが、これは、柳宗悦が創設した日本民藝館の二三〇〇平方メートル、一七〇四平方メートルをそれぞれ上回る規模である。[24]堅固な鉄筋コンクリート造りという面でも、貴重な存在である。

また、大阪日本民芸館の構造・外観は、万博のパビリオンとして建築されたこともあって、全国のほとんどの民芸館が木造づくりに対し、鉄筋コンクリートの二階建てで、これは阪神大震災も乗り越えた。もっとも、当初の構想は、高い屋根をもつ合掌造り風の「純日本風」建築で木造だったようである。[25]これが、現在のデザインに変更された点については後述する。

大阪日本民芸館の発足の経緯と運営形態の特色

日本万国博覧会は、一九七〇（昭和四十五）年に千里丘陵で実施された。大阪日本民芸館は、ここに出展されたパビリオン「日本民藝館」を引き継いで設立された。万博終了後、新たに財団法人をつくり、万博のパビリオンをそのまま利用し、大阪日本民芸館として開館したのである。

年月	事項
1967（昭和 42）年9 月	倉敷レイヨン（現在㈱クラレ）の社長大原總一郎の提唱により，万国博覧会民芸館準備委員会が発足する。
1968（昭和 43）年4 月	出展協議会が最終出展参加法人（在阪 17 社と日本民藝館）の出資分担金の決定を経て，万博記念協会と出展契約を締結する。
1968（昭和 43）年7 月	出展協議会議長大原總一郎逝去。後任に日本生命社長弘世現が出展協議会委員長に就任する。
1970（昭和 45）年3 月～ 9 月	日本万国博覧会開催。終了後，出展協議会は建物を大阪府に寄贈する。
1971（昭和 46）年3 月 26 日	財団法人大阪日本民芸館設立。初代館長には陶芸家の濱田庄司，初代理事長には弘世現当時日本生命社長が就任する。

表 3　大阪日本民芸館の設立経緯（大阪日本民芸館館内資料）

これまで『民藝』誌上などで紹介されてきたその経緯は**表3**の通りである。

このように発足した大阪日本民芸館の運営の形態には三つの特色がある。第一に、大阪日本民芸館の建物を大阪府が所有していること。第二に、大阪日本民芸館の運営には、公益財団法人大阪日本民芸館が携わっていること。第三に、運営には出資した関西財界企業が共同で携わっていること[26]。財団法人の役員は、当該関西財界企業から派遣されており、共同で経営するという形態となっている。

大阪日本民芸館は西洋風の外観を持つ建物であるが、内部等には木の格子や床の間、ふすまがあり、展示ケースは松本民芸家具製、壁には葛布が用いられて、他の民芸館とも共通するような和風の雰囲気を出す工夫がなされている（**図15**参照）。設計・施工は大林組であった。

三　大阪日本民芸館創設の貢献者大原總一郎

表3に示したように、一九六七（昭和四十二）年九月に、倉敷レイヨン（現株式会社クラレ）の社長であった大原總一郎の提唱により、万国博覧会民芸館準備委員会が発足し、翌年四月に「万博・日本民藝館」の出展契約が締結される。従来、これが大阪日本民芸館創設のスタートとされていた。しかし冒頭で言及した資料によって、これ以前の「前史」があったことが明らかになった。実は、大原は「民芸館」以前に「立体音楽堂」というパビリオンの出展を構想しており、「万博・日本民藝館」は、それに代わるものとして提案されたのである。

経営と芸術に精通した経営者

この「前史」についてみる前に、まず大原總一郎（一九〇九―一九六八）について簡単に確認しておきたい。大原は、著名な実業家・財界人である大原孫三郎（一八八〇―一九四三）の一人息子として一九〇九（明治四十二）年に生まれる。東京大学経済学部を卒業後、倉敷絹織株式会社（現クラレ）に入社、その後社長に就任する。文化・医療・社会福祉関係では、父がつくった倉敷中央病院、大原美術館等を引き継ぎ、同じく父が援助した民芸運動も引き続き援助した。関

西経済同友会の代表幹事を務め、財界の中で重責を担っていた。一方、音楽、美術、鷹狩等、趣味も多彩であった。(27)

作家の江上剛は、大原總一郎の生涯を語るうえで重要なものとして、三つのキーワードをあげている。その第一は合成繊維ビニロンの開発に成功したことであった。(28) こうした点を受けて、クラレの元社長の伊藤文大《ふみお》は、江上のインタビューに答えて「大原總一郎は百年先が見えた経営者でした」と述べているように、大原總一郎はビジネスの世界でも高く評価されている。

実際に、松下幸之助は大原のことを、「関西財界の華、美しい経済人」と呼んで評価した。本章のもう一人の主役である弘世現も大原について、「われわれとは一寸ちがった、なんというか経済を少し離れて而もマクロにものをみるものの見方をされた方であった」と述べ、高く評価している。(29)

図16は、財団法人日本万国博覧会協会（以下、「万博協会」と略）の広報誌『日本万国博』創刊号のためにテーマ委員を集めて行われた座談会の折の写真である。万博協会初代事務総長の新井真一が司会を務め、出席者は大原總一郎、豊田雅孝（参議院議員、「紀元二千六百年記念日本万国博覧会」の時の商工省担当課長で、日本万国博の最初の提唱者）、駒村資正（日本が外国の博覧会に出展する際の窓口である日本貿易振興会の理事長）である。こうした同席者からも、当時の大原の財界における位置を知ることができるだろう。

大原總一郎は、父と同様、民芸にも理解を示し、父を引き継ぐ形で民芸運動を支援し、柳宗悦とも親しかった。一九六一（昭和三十六）年五月の柳の死に際しては、日本民藝館葬の葬儀委員長を務め、一九六二（昭和三十七）年十一月には日本民藝館の理事長（館長は濱田庄司）に、一九六一（昭和三十六）年五月には日本民藝協会の会長に、それぞれ柳の後継として就任し、自身が亡くなるまで務めた。父の大原孫三郎は、東京の日本民藝館の建設資金を援助することで、民芸運動に大きく貢献した（図17参照）。他方、その息子の總一郎は、大阪日本民芸館を創設するのに大きな貢献をし、親子で東西民芸館の創設に貢献したことになる。

図16　座談会での大原總一郎（左から二番目）（大阪府提供）

図17　建築中の日本民藝館（日本民藝館提供）

大原總一郎が父を継いで民芸運動の支援を行った動機の一つについて、倉敷レーヨンの秘書であった秀平政治は、未発表原稿の中で次のように記している。

大原孫三郎翁は昭和十二年十一月五日、浜田、河井両氏を京都北白川の別邸に招き茶会を催された。その時両氏から駒場の日本民芸館が内外の識者の間で好評を博していると聞かされ、外遊中の總一郎氏に次のような書面を出された。「一昨日浜田、河井両氏に京都で会うた。両氏等は民芸館の出来たことを喜んでいるようである。この事を自分のやった事のなかで最も意義があったと思うて居る」。この手紙は大原總一郎が民芸運動に尽された大きな動機になったことと思う。[30]

一九三六(昭和十一)年に京都北白川のあたりに、孫三郎の隠居所として建てた家に總一郎は住んでいた。柳宗悦も大原總一郎も草木を愛好していたのだろうか。この家の庭には、柳、濱田、河井、リーチからもらってきた草木がいまもあるという。[31]柳らとの交流が事務的なものでなかったことを示す証拠と言えようか。大原は柳のことを、「あれだけの思想をもち、あれだけの運動を提唱された、一世の達人であった」と言って高く評価している。[32]読書家でもあった大原は、柳の著作にも多数目をとおしているようで、「柳さんのどの本を開いてもみても、その文章は目が書いた文章であり、その直観にいざなわれた思想[33]」と記している。大原總一郎は、父の死後はもちろん、柳の死後も、既述の日本民藝館理事長、日本民藝協会会長だけでなく、日本民藝協会常務理事、岡山民藝協会会長を務めるなど、[34] 民芸運動の支援を続けていく。そして、大原總一郎が日本民藝協会の会長をしている時に、「万博・日本民藝館」の構想は実現に向かって動くのである。

パビリオン日本民藝館の創立と立体音楽堂——大原總一郎が果たした役割

大原は若い頃より、音楽には深い造詣を有していた。**表4**は、大原總一郎年譜から、音楽に関する取り組みを抜き出したものである。それよると、多数の要職に就き、音楽会なども企画したことがわかる。

このほか、ウィーン少年合唱団、カラヤンを倉敷に招き音楽会を開催するなどもしている。

そんな大原は一九六六（昭和四十一年）年、九月二十一日の万博協会の幹事懇談会において、「立体音楽堂構想」なるものを提案している。立体音楽堂というのは、球形（多面体）で、中央に聴衆席があり、周囲に無数のスピーカーを配置する音楽ホールのことである。聴衆は作曲家と同じ感覚で聞くことができるというものである。これに対して、万博協会も迅速に対応して財団法人日本科学技術振興財団に検討を依頼した。結果「立体音楽堂に関する報告書」[35] が一九六七（昭和四十二）年三月に提出された。

当時、大原は関西経済連合会の副会長を一九六一（昭和三十六）年から継続して務め、関西財界の重鎮であった。そんな大原からの提案を無視できなかったということであろうか、万博協会は、当時の第一級の建築、音楽等の専門家を集め、検討委員会をたちあげ、万博当局に答申させたのである。主なメンバーは、建築家の浦辺鎮太郎、同じく建築家の前川国男、東京芸術大学の助教授柴田南雄、作曲家の黛敏郎など十三名である。一九六六（昭和四十一）年十二月二十八日を第一回目として、一九六七（昭和四十二）年三月二十七日まで検討会を五回重ねている。一九六七（昭和四十二）年三月十四日の万博協会常任理事会に中間報告が提出され、その時点では、万博協会の会長であった石坂泰三も「私はできればやりたいと思う。あまりほかにないものね」との発言をしていた。[36]

報告書において、この構想には、大きく六つのコメントが付されている。前三点は肯定的なものであり、第一に「大原構想は極めて独創的で示唆するところの多いアイディアから出発している」こと、第二に「発展させた構想は単に実現可能というだけでなく、日本及び世界の芸術の進展に関する重要な寄与となり得る」ということ、そして第三に「日本万国の中心主題である〝人類の進歩と調和〟を反映する施設としても、決して不適当なものではないと考えられる」ということが述べられている。同時に、第四として「適切な立地条件を慎重に考慮し選定する必要がある」ことが示され、さらに第五として「危惧している重大な問題は、この案を実現するのに充分な時間が残されているか否かである」とその計画実現性についての懸念が示されている。最後の

年月	内容
1950（昭和 25）年から 1954（昭和 29）年	日本放送協会経営委員
1950（昭和 25）年から 1968（昭和 43）年	NHK 交響楽団賛助会員および顧問
1950（昭和 25）年から 1968（昭和 43）年	関西交響楽団理事
1959（昭和 34）年から 1968（昭和 43）年	日本フィルハーモニー交響楽団理事
1959（昭和 34）年から 1968（昭和 43）年	大阪国際フェスティバル協会理事

表 4　大原總一郎の音楽関係事業（『大原總一郎年譜』クラレ，1980 年より）

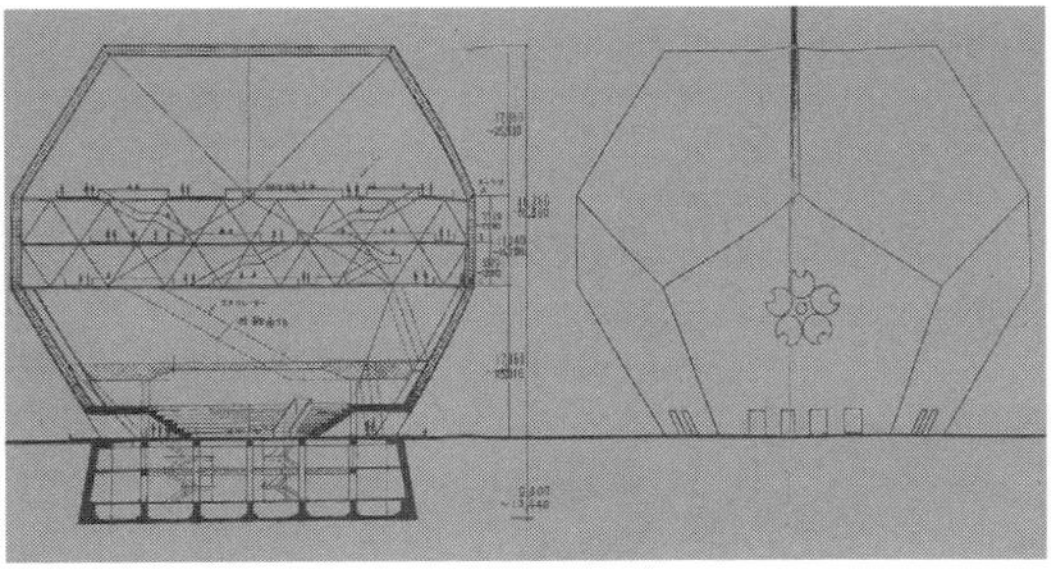

図 18　立体音楽堂の図面（大阪府提供）

図 19　万博標語募集チラシ（大阪府提供）

六点目は、「立体音楽堂」という名称の整合性について検討の余地があることがあげられているが、このうち五点目については、複数の委員から具体的なコメントも含めて示されており、大きく議論されたことがうかがわれる[37]。

同報告書には、立体音楽堂の図面も掲載されている（**図18**）。独創的な構造であるが、上記の第五の点にも関連し、初期投資の回収ということも含めて、継続的事業採算をとることが、難しいのは容易に推測できる。

とはいえ、その計画は、一定程度実現に向けて動いていたようである。万博の際には、一九六七（昭和四十二）年七月締め切りで、万博の標語の募集がなされているが、そのチラシが残っている（**図19**）。

チラシにこの時点での万博の完成予想図模型の写真が掲載されている。ここに、**図18**と同形の立体音楽堂も、中央右付近にみることができる。このように、この構想は実現に向けて進められていた。実際には実現はしなかったのであるが、ここで注目したいのが、この立体音楽堂の位置している場所が、「万博・日本民藝館」が建設された場所とほぼ同じであるという点である。すなわち、「万博・日本民藝館」は、大原が、立体音楽堂の代替の構想として提案したものであったのである。これが、いわば、大阪日本民芸館にかかわる知られざる「前史」の一つである。

立体音楽堂が実現しなかったのは、建設費等の問題から、これを恒久的施設とすることが前提とされたこととの関係がある。恒久的施設とするためには、施設を運営する経営主体が必要である。NHKをはじめ、様々な企業・団体にあたってみたものの、はかばかしい返事がなかったようで、万博協会も態度を決めかねていたようである。この点がはっきりしないことで、構想はいわば暗礁に乗り上げた。そして、その代わりに登場したのが、民芸館構想であった。最終的に、継続的に運営する会社が見つからなかったことから、立体音楽堂構想は否決された。立体音楽堂がだめなら民芸館で、という大原の申し出で実現したのが、パビリオンとしての日本民藝館であった。
この経緯について、一九六七（昭和四十二）年八月十八日の常任理事会では、次のような意見があった。

倉敷レーヨンの大原さんのお考えになっている立体音楽堂、これは、その後の施設参加がございませんので、大原さんもなかばあきらめたようなかっこうでございます。そこで、あれを強く主張しておりましたときには、全然触れなかったのですが、大原社長は、民芸協会の会長をしておられるのです。それで、今度は立体音楽堂がだめならば、ひとつ民芸館を建てたいというので、先般大林組の社長がかわりに参りまして、ぜひ民芸館をたてさせてくれ、建設、民芸その他は、全部引受けるので、やってくれというお話でございます。施設参加という形でやりたい、こういう話でございます。それで、日本の全国の代表的な民芸品を選んで陳列して外国から来た人なんかにみせたい、これは、もちろん無料で見せる、こういうような話がございますので、ひとつご了承願いたいと思います。(38)

これが民芸館の万博への出展が決まった瞬間であった。民芸館というプラン自体は、もともとは、民芸運動の同人作家の一人であった河井寛次郎の古くからの支援者でもあった高島屋の川勝堅一が、大林組の大林芳郎社長に提案し、そこから倉敷レーヨンの大原總一郎にもちこまれたもののようである。(39)いずれにしても、一九六七（昭和四十二）年九月の大原總一郎の提唱による万国博覧会民芸館準備委員会の発足が第一歩だと思われてきた「万博・日本民藝館」（大阪日本民芸館）には、このような「前史」があったのである。

これを受けて、一九六七（昭和四十二）年九月二十八日に日本民芸館出展構想が出される。この構想の中心はもちろん、大原總一郎であった。出展費用は二億円。参加会社は日本民芸館・倉敷レーヨン・大和銀行・大丸・日本生命・大林組の六社であった。(40)

先に少し触れたように、「万博・日本民藝館」は、当初から現在の形態ではなかった。万博への民芸館出展を紹介する新聞記事には、その施設について「はじめは合掌づくりの純日本建築を計画していた」とある。(41)実際に「万博日本民藝館出展構想」に添付されていたのは、**図20**にあるように現在とは別の建築プランの「万博・日本民藝館」であった。

図20　「万博日本民藝館出展構想」に添付された「万博・日本民藝館」の前プラン　資料：「日本民藝館出展構想」（大阪府提供）

「万博・日本民藝館」の設計は大林組と日本民藝館のあいだで、随分議論になったようである。上記プランは、詳細は不明であるが、木造である可能性もあり、出雲大社や、合掌造りなど、日本の伝統建築として認識されていた技法がとりいれられているようである。結局このプランは採用されず、より西洋風の現建築プランに落ち着いたのであった。これが、大阪日本民芸館をめぐるもう一つの「前史」である。

ちなみに、立体音楽堂については、その後、当時の関西経済連合会の会議上において、大原よりこの件について万博協会から正式な返事がないとの発言があり、これを受けて、一九六七（昭和四十二）年十一月十五日に正式に内部決定して、同十一月二十日付で石坂万

朝日麦酒㈱	㈱大林組	近畿日本鐵道㈱	倉敷レイヨン㈱
京阪神急行電鐵㈱	㈱神戸銀行	㈱そごう	㈱大丸
㈱大和銀行	㈱高島屋	㈱武田薬品	日本生命保険（相）
野村証券㈱	㈱阪急百貨店	㈱阪神百貨店	㈱松坂屋
㈱三越	㈶日本民藝館		

表5　大阪日本民芸館出展協議会参加企業（大阪日本民芸館出展協議会参加企業，大阪府提供）

博協会会長名にて立体音楽堂について大原宛の断り状を出している。これも、当時の大原の存在感を示すエピソードである。なお、立体音楽堂の構想の一部は鉄鋼館の中で実現している。

さて「万博・日本民藝館」の構想には最終的に十七社一団体が賛同する形となり、大阪日本民芸館出展協議会が一九六七（昭和四十二）年十一月十一日に発足する。出展協議会委員長には、大原總一郎が就任した。副委員長には大林組の大林芳郎社長が就任した。既述の秀平政治は、常任委員で事務局長に就任した。参加会社は上の**表5**の通りである。

このように、ここまでで示したいくつかの資料によって、これまでは明確に示されてこなかった「万博・日本民藝館」の出展の経緯が明らかになった。繰り返しになるが、大原總一郎は、当初立体音楽堂の建設を主張していた。しかし、それは、難しいという結論となる。代わりに、大原は「万博・日本民藝館」の建設を主張したというのである。その際、大原の代理で、大林組の社長の大林芳郎が万博協会に来たというのであるから、随分生々しい話である。[42] 恒久的な施設の立体音楽堂の代わりとして構想されたことから、民芸館も恒久的な施設を前提にこの大林組が設計・施工している。今日でも、当時のそのままに活用できていることにはこのあたりの経緯も関係しているだろう。

ところが、大原總一郎が一九六八（昭和四十三）年七月に急逝する。そこで登場するのがもう一人の主役、弘世現である。

四　大阪日本民芸館創設・継続のもう一人の貢献者弘世現

大原總一郎が万博の際にパビリオンとして「万博・日本民藝館」の出展を提唱した一人として知られているということについては、既述の通りである。しかし大原總一郎の急逝によってそのあとを継ぎ、パビリオンの初代館長および財団法人大阪日本民芸館の初代理事長を務めた弘世現の存在を知る人は多くない。

日本生命の社長弘世現

弘世は、日本生命の社長を永年務め、日本生命の社業発展につくした。在職時には役職員の間で人気があった人物であった。弘世は、一九〇四（明治二十二）年に成瀬家の六男として東京で生まれ、学習院初等中等高等科を経て、一九二五年に東京帝国大学に入学する。成瀬家は犬山城主の分家で旗本を務めた家柄であり、父の隆蔵は東京高等商業学校（現一橋大学）の教授や大阪商業学校（現大阪市立大学）の校長などを経て、三井同族会の書記長や三井合名会社の理事を歴任している。[43]学習院から東京帝国大学に入学するのは、当時年間五人程度でそれほど多くなかったようである。ちなみに、柳宗悦もその一人であった。温厚な人柄であり、[44]若いころには、絵をかいたり、ピアノを習ったりと芸術に親しんだようである。『日本経済新聞』の「私の履歴書」において、ある外国人と同行の際、天龍寺青磁を知らなかったことを恥じたというエピソードを書いていることから推測されるように、[45]陶磁器をはじめとした工芸関係には興味があったようだ。

帝大を卒業する一九二八（昭和三）年、嵯峨源氏源融の流れを汲み、旧彦根藩の御用商人の系譜を持つ弘世家の婿養子となる。同年、三井物産に入社。一九四四（昭和十九）年には、日本生命に転じて、一九四八（昭和二十三）年には日本生命の社長となり、その後、三十年間にわたって、これを務めた。日本生命を民間生保の中でトップレベルの会社に引きあげた貢献者と言われている。日本生命の本店は大阪であったことから、その住まいは神戸市東灘区の住吉、御影あたりにあった。この近くの高級住宅街は、大原孫三郎、大林芳郎、武田長兵衛（武田薬品工業社長）、河本敏夫（衆議院議員）、竹中錬一（竹中工務店社長）、住友吉左衛門（住友家当主）といった関西財界の有力者が住んでいたところである。弘世家と大原家は近所に住んでいた時期があったのである。中山伊知郎が戦後偉大な財界人といえば、「大阪万博協会長の石坂さんと弘世さん」[46]と語っているくらい、当時の弘世は著名な財界人であった。

このように、財界においては大きな存在であった弘世現であるが、万博以前、民芸運動や、学習院から東大という共通の経歴を持つ柳との関わりについては、その関係を示すはっきりとした事実は確認できない。しかし、弘世が従来から民芸に関心を持っていたらしきことは、いくつかの回想やエピソードから推し量ることができる。

例えば、日本生命の秘書部に一九六五（昭和四十）年から七年在籍し、弘世とは日常的に関わった清水豊啓[47]によると、弘世は民芸にも関心を示しており、柳宗悦のこともよく話していたという。柳宗悦とは、たぶん面識はなかったのではないかということであったが、栃木県の益子において、濱田庄司とは会っているという。

また、大阪日本民芸館の常務理事であった新居恒夫は弘世を追悼する文章において、「弘世氏もかねてから民芸にはご理解がありましたから、その大任を引き受けられたものと思います」と述べており、「大任」以前より民芸に関心を持っていたことを紹介している。加えて、理事長就任後も大阪日本民芸館には展覧会毎に入館料を支払って、ミュージアムショップで買い物もしたというエピソードも紹介している。[48]

弘世現が大阪日本民芸館で果たした役割

その弘世は、大原の死によって、民芸運動、そして「万博・日本民藝館」および大阪日本民芸館と深い関わりを持つようになっていく。一九六八（昭和四十三）年七月の大原の急逝を受けて、委員の互選によって、弘世が出展協議会委員長の後任に就任する。当時クラレの関係会社に勤務していた辻野純徳によれば、秀平秘書が弘世のもとに、委員長の就任の依頼に行ったのだという。[49]大林組社長の大林芳郎が副委員長に留任している。事務局は、秀平が一九六八（昭和四十三）年まで務め、その退任後には、日本生命の企画部の職員が引き継いだ。

弘世が委員長となった新しい体制の万博日本民藝館出展協議会には、関西財界十七社と日本民藝館が集まった。そして、「万博・日本民藝館」は大阪財界企業が共同で支える方向となった。各社より協賛金を得て、パビリオンの建設に着手した。工事費は約四億円であったようだ。一九六八（昭和四十三）年十二月に起工式が開催されている。万博終了後に、民芸館として恒久的に利用するということは、事前に大阪府の了解も得ており、そのことを想定しての建築となっていた。[50]先述の通り、設計・施工は大林組が担当し、館長には弘世現[51]（図21、図22）が就任した。

万博終了後ほどなく、「万博・日本民藝館」の建物は一九七一（昭和四十六）年三月十六日付にて大阪府に寄贈されることが決定される。一九七〇（昭和四十五）年十二月十四日、大阪市の

図 21　弘世現（右），元万博アメリカ館館長チャーノフ氏（中央），清水豊啓氏（左）とともに（1980 年 9 月 25 日，サンディエゴ，清水豊啓氏提供）

図 22　万博・日本民藝館竣工式。右端が弘世現，左から三人目が濱田庄司（1970 年 3 月 6 日，大阪日本民芸館提供）

淀屋橋にある日本生命の本店・本館二階で第十二回万博日本民芸館出展協議会が開催され、その活用・運営についての今後の方針が決定されている。その内容は、第一に建物は大阪府に寄贈する、第二に運営は財団法人をつくり運営する、第三に建物修繕経費は大阪府が負担し運営費は財団が負担する、第四に財団は各社の負担で寄付を募りその運用益で運営費にあてる、というものであった。つまり、有志の関西財界企業と大阪府が共同して大阪日本民芸館を永続させていこうというものであった。こうした運営を実現するために、広く寄付も募られた。この際の協議会議事録には、会議冒頭の弘世委員長の挨拶として、次のようにある。委員長としては、当然の責務とはいえようが、強いリーダーシップを取ったことが議事録に残っている。

　跡地は緑の文化公園の方向で具体的に検討されることになりましたが、万博日本民芸館は万博期間中、皇族方をはじめ、内外の貴賓の方々が将来の存続の意味を含めて、ご来館になっており、また一般大衆にも内容のよさがきわめて好評であったことを考慮しますと、権威ある民芸館として存続させなければならないと存じます。このためには民芸の宗家である財団法人日本民芸館の力を全面的におかりしなければなりませんが、運営費については全額運営者負担となる見通しが極めて強く、このための基金として最低三億円は必要であります。各社におかれましてはそれぞれご事情があろうかと存じますが、万博にご一緒にご協賛いいた

だきました各社に更にご協力を賜りたくお願いいたしたいと存じます。(52)

そして、一九七一(昭和四十六)年三月十六日には、左藤義詮大阪府知事を訪問し、「大阪日本民芸館」として設立されることになった施設の目録を渡している。弘世は万博終了後、関西財界をまとめ寄付を募り、財団法人を設立し、建物は大阪府に寄附することによって、大阪日本民芸館を恒久的に継続する基礎を確立する。この寄贈式を紹介した新聞記事には次のようにある。

寄贈のため府庁知事室に左藤義詮知事をたずねた弘世委員長は日本民芸館の目録を贈呈し、「これでやっと肩の荷がおりました」と清々とした表情。というのも、大阪府は寄贈をうけることを渋っていたこともあったため。寄贈を受けた左藤知事は「〔……〕大きなモニュメントとして愛情を傾けます」。

(「万国博パピリオンの寄贈　日本民芸館も大阪府に」、『日刊工業新聞』一九七一(昭和四十六)年三月十七日朝刊)

ここには、大阪府は寄贈を受けることを渋っていたとあり、府が経済的負担となることをきらっていたのではないかと推測できる。これに対して、弘世を中心とした活動の中で、最終的には、関西財界十四社と出展協議会から二・五億円の寄付を集め、一九七六（昭和四十六）年三月二十六日には、これを基金に財団が設立される。府が寄贈を受け入れたことの背景には、弘世の周到な根回しと合理的なスキームによる経済的な裏付けも関係していたのであろう。財団法人の理事長には弘世が、常務理事には日本生命の宇田川利夫が就任している。

一九七二（昭和四十七）年三月より新たな体制で、大阪日本民芸館の展示がはじまる。初代館長は濱田庄司。財団の理事長は継続して弘世が務めた。弘世は、関西財界、大阪府、日本民藝館、国という複数の組織をとりもちつつ、大阪日本民芸館を永続の方向でまとめており、その力量および貢献は大きいものがある。ただし、関西財界全体で大阪日本民芸館を支えていこうという方向性が（暗黙のうちに）あったためか、弘世現および日本生命は一歩引いた立場で積極的に自身の活動を宣伝しなかったように思う。そうした事情も関わり、大阪日本民芸館における弘世現の功績は、時代の流れの中で忘れ去られていったのである。

この弘世の当時の働きを裏書きする資料がある。倉敷レーヨン（現クラレ）で秘書をしていた秀平政治は、未発表原稿の中でこう述べている。

大原委員長の後任として委員長に就任された弘世委員長は立派に委員長としての役目を果たされたばかりでなく、万博終了後、これが存置に当り幾多の問題に対処され、昭和四十六年三月二十六日財団法人大阪日本民芸館を設立、爾来十五年間、これが維持運営に当たられ、関西文化の向上に尽くされたご功績は甚大である。[53]

これを書いた秀平は、大原總一郎のもと、一九六七（昭和四十二）年九月二十八日に設立された万博日本民藝館出展準備委員会で事務局長などを務め、「万博・日本民藝館」の設置にも貢献をしていた人物である。秀平は後に大阪民藝協会にも加入している。この原稿は、秀平が大阪日本民芸館の十五周年記念特別展に招かれた後、大阪民藝協会宛に書いた原稿であるが、何故か発表されなかった。ただ、直接の当事者の原稿だけに、信憑性は高いと思われる。その中で筆者が注目したのは、弘世の功績に関する記述である。それをまとめると次の三点になろう。

第一に、秀平が「大原委員長の後任として委員長に就任された弘世委員長は立派に委員長としての役目を果たされた」と述べているように、大原亡きあと、関西財界をまとめ、一九七〇年万博での民芸館出展をやり遂げたこと。

第二に、秀平が「万博終了後、これが存置に当り幾多の問題に対処され」と述べているように、万博終了後、財団法人大阪日本民芸館を創設し、恒久的継続する基礎を造ったこと。

第三に、秀平が「財団法人大阪日本民芸館を設立、爾来十五年間、これが維持運営に当たられ、関西文化の向上に尽くされた」と述べているように、関西財界をまとめ、大阪日本民芸館が今日にいたるまで継続できる財政基盤等を確立し、実際に継続を実現したこと。

もちろん、こうした功績の前提として、展示・企画・陳列は財団法人日本民藝館の全面的なバックアップがあったことも事実である。しかし、同時に弘世の民芸に対する強い思いもまたそこにはあった。実際に弘世は、『日本経済新聞』で連載した「私の履歴書」の冒頭で濱田庄司の伝統に関する言葉について触れている。[54] それは、濱田が大阪日本民芸館の図録で述べた事柄である。このことは、弘世の民芸、大阪日本民芸館および柳や濱田への思い入れを表していると思われる。[55]

五　柳宗悦と大阪日本民芸館

大阪日本民芸館が創設されたのは、柳宗悦の没から十年以上経過した後であるから、柳と大阪日本民芸館には、直接のつながりはない。これは、柳の死後にできた他の八つの民芸館も同様である。しかし、他の八つの民芸館の場合、第四章で取り上げた富山市民芸館のように、柳の強い影響を受けてつくられた地方の民芸協会が主体となって設立されている。これに対して、大阪日本民芸館は、これまで述べてきたように大原・弘世という二人の財界人によって設立された、特異な事例である。柳の思想と柳の経営は、時代を超えて大原總一郎、そして弘世現にどのように受け継がれたのだろうか。そして、それが大阪日本民芸館の創設にどのようにつながっただろうか。秀平の未発表原稿の最後の部分に、秀平は次のように書いている。

大原孫三郎翁は昭和十二年十一月五日、浜田、河井両氏を京都北白川の別邸に招き茶会を催された。その時両氏から駒場の日本民芸館が内外の識者の間で好評を博していると聞かされ、外遊中の總一郎氏に次のような書面を出された。「一昨日浜田、河井両氏に京都で会うた。同氏等は民芸館の出来たことを喜んでいるようである。この事を自分のやった事のなかで最も意義があったと思うて居る」この手紙は大原總一郎氏が民芸運動に尽くされた大きな動機になったことと思う(56)。

このように、柳の思想は、大原孫三郎から大原總一郎に受け継がれた。總一郎も父以上に柳と頻繁に会い、柳の書籍を多く読み、それを「眼が書いた文章である」と述べて尊敬の念を表明している。繰り返しになるが、大原總一郎の急逝を受けて、引き継いだ弘世現は文章こそ残していないが、清水秘書には柳のことをよく話していたという。大阪日本民芸館の常務理事をしていた新居恒夫は、『民藝』の中で、「弘世氏もかねてから民藝にはご理解がありましたから、その大任を引き受けられたものと思います(57)」と述べている。このように、大原・弘世の二人の財界人の主導により設立された大阪日本民芸館は、この二人を通じ、時代を超えて、柳とつながっている。

言葉を代えると、柳に対する大原總一郎と弘世現の尊敬が、時代を超えて大阪日本民芸館の設立と継続を促したといえるのではないか。

おわりに

本章においては、これまで注目されてこなかった資料を検討することで、「万博・日本民藝館」および、大阪日本民芸館発足に関わる事実をいくつか明らかにしてきた。一つは大原總一郎がリーダーシップを発揮して万博に出展した経緯、つまり民芸館の前に立体音楽堂構想があったという事実である。また、関連してパビリオンの建物についての変遷についても確認した。もう一つは大原急逝後、日本生命の社長弘世現が、関西財界をまとめ、「万博・日本民藝館」を、大阪日本民芸館という恒久的な施設にした経緯である。

大原・弘世という財界人によって創設・継続された大阪日本民芸館（および「万博・日本民藝館」）は、この二人の財界人に主導されことにより、財界主導・マネジメント重視の位置づけがより明確となっていたのではないだろうか。大阪日本民芸館は、建物も西洋風・美術館風の建物で回廊式になっている。展示ケース間のスペースは広めに取ってあり、大量人員の観覧が可能な設計となっている。一方、床の間や葛布の壁などに和風の暖かさが感じ取れるような数々の工夫がこらされているが、もともとが万博のパビリオンの一つであることから、効率性重視・マネジメント重視で美と効率が両立したリーズナブルな建物という印象が強い。民芸協会を中心とした民芸運動史の中で、大阪日本民芸館の位置づけはその発足の経緯から全国の民芸館の中でも地元の民芸協会の埒外において成立しているなど、独自なものがある。しかし、それがゆえにか、これまで民芸運動史においても十分論じられてきたとは言いがたい。民芸館としての規模[58]や運営方法などを考えると今後の役割・重要性は大きいものがあると思う。

終章

一　まとめ――経営者としての柳宗悦

本書では、経営者としての柳宗悦、あるいは、民芸運動の基盤を形成した柳の経営力について、第二章においては梅棹忠夫との比較、第三章においては柳の組織運営・資金調達、第四章においては富山県を例にあげた地方での民芸運動への波及、第五章においては時代を超えた大阪日本民芸館への影響を取り上げることで、それぞれ考察を試みた。運動の歴史的展開と地方への波及に注目するという点において、空間軸としても時間軸としても一定の幅を考慮し、多角的に分析を行ってみたつもりである。その際、「経営」という視点を受けて、ヒト・モノ・カネという経営の三要素に着目して検討した。ヒトについては、民芸協会、地方民芸協会など、モノについては、民芸館、財団法人、広報誌など、カネについては大原家をはじめとする財界の援助などについて検討し、それぞれに対する柳の卓越した経営力によって、柳が中心となり民芸運動の基盤を固めていったことを確認した。その結果、民芸運動は他の運動と比べても、継続性のあるものとなり、第三章ほかでも触れたように、現在まで継続している。また、柳の経営力は第四章で明らかにしたように、地方でも発揮された。さらに、その経営が、柳の死後に創設された大阪日本民芸館にも影響を与えていることは、第五章で見た通りである。地域を超えて、時代を超えて柳の思想と経営は、現在も民芸運動に大きな影響を与えていると言えるのである。

さらに、本書では、十分に論じることができたわけではないが、民芸運動が隆盛し、今日まで継続できていることは、柳に学芸と経営の両方に深い識見が有ったからこそ、という側面もあろう。柳は民芸館、たくみ、民芸協会および『工藝』等の広報誌にわたる組織のバランスを、この両面から見つめ組織を拡大していったのである。

こうした柳の経営力は、民芸運動の成長を促し、持続性のあるものとする礎を築いた。既存の研究においても、柳について、行動力があるとか、資金調達が上手とか、という形での柳評はあった。しかしながら、「経営者」という観点から柳について言及することはまったくなかったと言えよう。他方、柳について、理想主義者として政治的現実認識が欠如していたと指摘する研究者もいる。[1]確かに柳は、政治家ではなかったのかもしれない。しかし、実際の柳は、民芸運動を継続するためには、時に政治的な交渉をも辞さない優秀な経営者にならなければならなかったのではあるまいか。本書では、こうした新しい柳像、つまり「経営者としての柳」を部分的にであれ提示できたのではないかと思う。そして、このことを通じ、合理的な経営判断に基づいて推進・維持されてきたことが、民芸運動の本質を構成する一部であったことも明らかにできたのではないかと思っている。

柳はなぜ、このような経営力を発揮したのであろうか。もちろん私腹を肥やすためでは決してない。柳は蒐集した作品はもちろん建物・家具一切を、そして著作権さえも財団法人日本民藝館に寄贈している。柳は、民衆的工芸、すなわち「民芸」と名付けた日本固有の美の発見を一過性のものとしないで、永遠に継続させようとした。そのため、一時は柳が蒐集した民芸品を東京帝室博物館（現東京国立博物館）に寄贈しようとさえした。ただし、結果は、帝室博物館からはまったくの無反応というもので、この試みは実現できなかった。その後、日本民藝館を駒場で建設してからは、時代に先駆けて財団法人を設立し、半永久的に継続する基礎を築いたのである。財団設立後、柳は武内宛の書簡の中で「是で法人としての存在に入り、仕事も長くのこる事となり、大変嬉しく思います」と率直にその喜びを語っていたことは、第三章で紹介した通りである。柳はそれまでに認識されたことのない美を発見し、これを継続するために、リーダーシップとその持つ経営力を発揮したのである。第五章でも触れた通り、リーダーシップには二つの種類があると思う。一つは創設のためのリーダーシップであり、二つ目は継続のためのリーダーシップである。柳は創造するリーダーシップに加え、継続するリーダーシップの両方を兼ね備える高い経営力を持っていたということである。柳はこの二つのリーダーシップを発揮し、経営力を発揮して、民芸を創り、民芸を守ったのである。

そして、再度、第三章で触れた『月刊民藝』に示された「ツリー」を振り返ってみるとき、あらためて感じるのは、バランス経営と財団法人等にみられる新しい事に挑戦を続けた柳らのインテリジェンスの高さである。

二　おわりにかえて——私が勤務した大阪日本民芸館

本書の最後に、筆者自身が九年間勤務した大阪日本民芸館について、自分なりの感想について触れて、締めとしたい。自分自身を鏡として大阪日本民芸館を振り返ることにより、柳の経営がいかに卓越していたかがわかると思うからである。

以下、柳が手掛けた大礼記念国産振興東京博覧会のパビリオン「民藝館」(後の「三国荘」)と「日本民藝館」、大阪日本民芸館との類似点について触れたい。

まず、パビリオン「民藝館」と大阪日本民芸館を比較してみると、ある類似点に気がつく。柳が手掛けたいわゆる後の三国荘は、大礼記念国産振興東京博覧会を契機にそのパビリオン「民藝館」として創設された。大阪日本民芸館は大阪日本万国博覧会を契機にそのパビリオンの一つとして創設された。どちらも、多数の日本人が民芸を触れる機会を提供したことで、大きな影響を残したといえるのではないか。ちなみに大礼記念国産振興東京博覧会の入場者数は二百二十三万人であり、そのうちの一定の人数が民藝館（三国荘）に入場して、民芸に触れたことになる。後者の大阪日本民芸館のほうは、万博全体の入場者数が六千四百万人で、民芸館の入場者数は二百十万人であった。どちらも、多数の日本人が民芸の美に触れたということで大きな意義があったように思う(2)。

次に、日本民藝館と大阪日本民芸館との共通点についてあげると、以下の通りとなろう。第一に、大阪日本民芸館も、柳が創設した日本民藝館と同じ、財団法人の形をとって、永続性が担保される組織形態をとっていること。第二に、大阪日本民芸館も、国や地方公共団体の支援あるいは、傘下に入って運営されているのではなく、民の力、関西の企業の支援によって大原から弘世に引き継がれ、運営されていることは、第五章で述べてきた通りである。

さらに、展示とか、キャプションとか、イベントとか実際の運営面での共通点についてあげる。ただ、大阪日本民芸館は柳宗悦や濱田庄司らが「日本民藝美術館設立趣意書」を起草して以来の民芸運動の流れを汲んでいるから、類似してあたりまえとも言えよう。しかし、実際の運営面で、柳の考え方ややり方が大阪日本民芸館にどのような形で影響を与えているか、筆者が大阪日本民芸館に実際に勤務した経験に基づき、具体的にあげてみたい。

第一に、展示方法について、柳が提唱した極力説明をなくし、物を「直下」にみてもらうという展示方法は、大阪日本民芸館でも取り入れられている。大阪日本民芸館では、柳の展示に関する文章を第四展示室に掲示してある。この点は、ほかの館とは相違する独自のやり方の一点目である。[3] そして、大阪日本民芸館のキャプションは、柳の文書に従い、必要最低限の情報を黒い紙に朱色で、書かれている。大阪日本民芸館ではこれをパソコンで作成している点が、ほかの館とは相違する独自のやり方の二点目である。[4]

第二に、みんげい市に関してである。東京の日本民藝館では、日本民藝館展という全国の民芸系の作り手の作品を集めて、品評とともに即日販売を実施して、民芸の作り手を支援している。大阪日本民芸館では、品評はないが、無料の出店料で、みんげい市という即日販売会を開催して、民芸の作り手への支援を実施している。[5] みんげい市の参加者にとっては、大阪日本民芸館の展示やミュージアムショップの販売品から、刺激を受けることができ、みんげい市に多数集まる顧客の声を直接聞くことができる。みんげい市への入場料は無料であるから、万博と同じように、多数の日本人や外国人が民芸に触れる機会をつくることができるのである。柳は美の標準を示すことが民芸館の役割と述べているが、パビリオン「民藝館」の時のように、多数の人が民芸に触れる機会を設けることにも積極的であったことを考えると、「みんげい市」もそれと方向性を等しくするものの一つと言えるだろう。

第三に、民芸茶会に関してである。大阪日本民芸館では、以前より、友の会の主催で、民芸茶会が開催されていたが、一時中断していた。その後、丹波のとしひこ窯の清水俊彦（生田和孝の弟子筋にあたる）からお茶碗の寄贈を受けたことから、二〇一五（平成二十七）年に復活することができ、今も友の会の有志の方の協力で開催されている。大阪日本民芸館の茶会は、柳が一九五五（昭和三十）年に日本民藝館で開催した民芸茶会と同じ、立礼式であるなど、柳の茶会に準じた自由な形式をとっている。

第四に、大阪日本民芸館の建物・構造の件である。第五章でも述べた通り、大阪日本民芸館は、全国の民芸館のほとんどが、木造であるのに対し、鉄筋コンクリート造りである。このこと自体は、柳の意に反することではない。柳はむしろ、「鉄筋コンクリート造りや石造という洋風建築がミュージアムには耐火性能という観点で望ましいものと考えていた」[6]。柳は採光については、和紙の障子を通す天然光が最も柔らかで、恐らく最良であると考えていた。[7]この点についても、大阪日本民芸館は柳の考え方を取り入れて、障子と和紙が導入されている。このように、一見西洋美術館風の大阪日本民芸館も、柳の考えに反するものでないということがわかるであろう。

第五に、自然との共生である。柳は「よき美には自然への忠実な従順がある。自然に従うものは、自然の愛を受ける。小さな自我を棄てる時、自然の大我に活きるのである[8]」と自然との共生を説いている。大阪日本民芸館のスタッフたちが、自主的に巣箱・鳥衝突よけ等を作って自然との共生を実践していたような気がする[9]。また、大阪日本民芸館は日本庭園を借景として緑の多い民芸館となっている。日本民藝館も隣の駒場公園（旧前田家の庭）を借景としている。緑が多く自然が豊富な点が、共通するように思う。

最後に、本論の趣旨に沿って、柳等の経営と大阪日本民芸館の経営との共通点について検討したい。

運営に伴う経費節減の件である。柳は日本民藝館の館長に就任していたが、自ら無給であることを述べている[10]。加えて、日本民藝館の維持・保全にあたる要員は少人数で対応していることを述べている。柳が、小規模の体制で経費節減して館の持続的・永続的な継続を目指していたことについては、第三章でも触れた。大阪日本民芸館でも、同様に、徹底した経費節減が実行されており、評議員・理事は無給であり、過去のチラシを包装紙に活用するなど、徹底した経費節減が実行されている。また、駒場の柳邸が、長屋門を移築したところに、日本民藝館にも、リサイクルの発想に類似したものがみられる。大阪日本民芸館も大阪市電の石を床に活用している。同様にリサイクルの思想にも似た発想がとりいれられている。

以上、パビリオン「民藝館」（三国荘）と日本民藝館と大阪日本民芸館との共通点について、経営面も含め多面的に触れてみた。多くの共通点は、柳の思想や経営が時代をこえて、大阪日本民芸館にも浸透していることを示していると思われる。

次に、視点を変えて、大阪日本民芸館と柳宗悦の「日本民藝美術館設立趣意書」以来の盟友の一人で、大阪日本民芸館の初代館長であった濱田庄司について触れてみたい。

濱田は、財団としての大阪日本民芸館の初代館長であり、万博パビリオンの名誉館長であったことは、第五章で述べた通りであるが、世間的には、あまり知られていない。濱田は万博の際、大皿を製作し、実に斬新なやり方で展示した。濱田の息子の濱田琉司から、「濱田は万博で新しいことをしようとしていた」ということを聞いた。

濱田庄司は、万博に際し、次のような名文を大阪民芸館の図録の中に、残している。

民族の伝統は結果としては、形を成した物によって認識されるのを常としますが、やがてこれは形骸だけを護ることにおちいる危険を伴います。一番大切なことは形を成す以前の眼に見えない根の力にあるのであって、換言すれば伝統はいつでも、どこでも、私たちの足許を掘って得られる地下水であり、これは地上の呼び水ではなく、地底からの湧き水であります。古くてしかも常に新しい命に溢れております。

この文書については、現在大阪日本民芸館の第四展示室に展示してある。[11] 大阪日本民芸館にはこれを完成させるための濱田の下書きが六枚も残されていた。濱田のこの文章への思い入れがいかに強かったかを示していると思われる。万博パビリオン日本民藝館の理論的指導者は、当初から濱田庄司であったことは忘れられていないだろうか。濱田は大阪日本民芸館で、まったく新しいことに挑戦しようとしていた。

ただ、居住する益子から大阪は、あまりにも遠く、随分体力を消耗したようだというのは、濱田琢司より聞いたところである。ただ、大阪日本民芸館にはこの濱田の進取の姿勢に触発されたのか、進取の気風があり、全国の民芸館に先駆け、新規に取り組む伝統が残っているように思う。

以上、柳の思想・経営が時代を超えて、二人の財界人も受け継がれ、大阪日本民芸館が設立されたのではないだろうか。結果、柳が手掛けたパビリオン民藝館（三国荘）・日本民藝館と大阪日本民芸館とは数々の共通点を示している。大阪日本民芸館に九年間勤務し、同時に柳宗悦の研究を継続してきた筆者の実感として、柳の思想や経営が時間軸を超えて、大阪日本民芸館に色濃く影響を与えているように思われる。

注

序章

(1) 柳は、鈴木大拙が設立した松ヶ丘文庫の理事長を務めていた。また、大拙は自身の葬儀の際には、柳に弔辞を依頼していたのだという。
(2) 鈴木大拙「弔詞　柳君を憶ふ」、『民藝』一〇二、一九六一年、四頁。
(3) 中見真理『柳宗悦――「複合の美」の思想』岩波書店（岩波新書）、二〇一三年、ii頁。
(4) 松井健「二人の柳宗悦――テキストの背後をめぐって」、熊倉功夫・吉田憲司編『柳宗悦と民藝運動』思文閣出版、二〇〇五年、七三頁。
(5) 熊倉功夫「解説　柳宗悦の書簡」、『柳宗悦全集』第二十一巻下、筑摩書房、一九八九年、六三六頁。
(6) ウィリアム・モリスの研究の第一人者藤田治彦は、大阪日本民芸館主催の記念講演会「民芸運動と関西」（二〇一六年六月二十六日開催）にて、民芸運動について、モリスらによるアーツ・アンド・クラフツ運動その他の運動に比較して、継続性という意味で高く評価できると述べている。

（7）昭和初期、理想的な職人集団を実現しようと、柳が指導して創立された上加茂民芸協団は短期間で解散した。また、柳が立ち上げた民芸協会からの離反者もいた。戦後、柳らの民芸協会とは別の日本民芸協団を組織し、独自の運動を展開した三宅忠一もその一人であった。上加茂民芸協団については、水尾比呂志『評伝　柳宗悦』筑摩書房（ちくま学芸文庫）、二〇〇四年、一九四―二四六頁を、三宅忠一と日本民芸協団については、濱田琢司「地域からの実践という批判軸――三宅忠一試論」、熊倉功夫・吉田憲司編『柳宗悦と民藝運動』思文閣出版、二〇〇五年、二九七―三二一頁をそれぞれ参照のこと。

（8）『柳宗悦全集』は、筑摩書房より一九八〇年から一九九二年にかけて、全二十二巻二十五冊として刊行された。

（9）水尾比呂志『日本民俗文化大系6　柳宗悦』講談社、一九七八年。

（10）鶴見俊輔『柳宗悦』平凡社（平凡社ライブラリー）、一九九四年（単行本、一九七六年）。

（11）水尾比呂志『評伝　柳宗悦』筑摩書房（ちくま学芸文庫）、二〇〇四年。

（12）松井健『柳宗悦と民藝の現在』吉川弘文館、二〇〇五年。

（13）松井健『民藝の擁護――基点としての〈柳宗悦〉』里文出版、二〇一三年。

（14）中見真理『柳宗悦――時代と思想』東京大学出版会、二〇〇三年。

（15）中見、前掲書（『柳宗悦――「複合の美」の思想』）。

（16）竹中均『柳宗悦・民藝・社会理論――カルチュラル・スタディーズの試み』明石書店、一九九九年。

（17）伊藤徹『柳宗悦　手としての人間』平凡社、二〇〇三年。

（18）土田真紀『さまよえる工藝――柳宗悦と近代』草風館、二〇〇七年。

（19）大沢啓徳『柳宗悦と民藝の哲学――「美の思想家」の軌跡』ミネルヴァ書房、二〇一八年。

（20）竹中、前掲書、二一二頁。

（21）熊倉功夫『民芸の発見』角川書店、一九七八年。

(22) 熊倉功夫・吉田憲司編『柳宗悦と民藝運動』思文閣出版、二〇〇五年。
(23) デザイン史フォーラム編（藤田治彦責任編集）『アーツ・アンド・クラフツと日本』思文閣出版、二〇〇四年。
(24) 岡村吉右衛門『柳宗悦と初期民藝運動』玉川大学出版部、一九九一年。
(25) 濱田琢司『民芸運動と地域文化——民陶産地の文化地理学』思文閣出版、二〇〇六年。
(26) 高崎宗司『増補三版　朝鮮の土となった日本人——浅川巧の生涯』草風館、二〇〇二年。
(27) 鈴木禎宏『バーナード・リーチの生涯と芸術——「東と西の結婚」のヴィジョン』ミネルヴァ書房、二〇〇六年。
(28) マーティン・コルカット「柳宗悦——民衆の芸術回復に捧げた人生」、熊倉功夫・吉田憲司編『柳宗悦と民藝運動』思文閣出版、二〇〇五年、一一三頁。
(29) コルカット、前掲、九五頁。
(30) M・ウィリアム・スティール「東は西、西は東——反近代主義と民芸の発見」、熊倉功夫・吉田憲司編『柳宗悦と民藝運動』思文閣出版、二〇〇五年、一三五頁。
(31) 高崎、前掲書、一〇七頁。
(32) 小畠邦江「柳宗悦と倉敷——大原孫三郎との出会いを中心に」、熊倉功夫・吉田憲司編『柳宗悦と民藝運動』思文閣出版、二〇〇五年、三二七頁。
(33) 柳宗悦「一九二七（昭和二）年十一月十五日付　吉田正太郎宛書簡」、『柳宗悦全集』第二十一巻上、筑摩書房、一九八九年、三三〇頁。
(34) 熊倉功夫「手紙のなかの柳宗悦」、熊倉功夫・吉田憲司編『柳宗悦と民藝運動』思文閣出版、二〇〇五年、四九頁。
(35) 『大辞林　第三版』三省堂、二〇〇六年、七六七頁。

(36) 金井壽宏「第二章　経営組織」、神戸大学経済経営学会編『ハンドブック経営学［改訂版］』ミネルヴァ書房、二〇一六年、一九頁。
(37) 斎藤毅憲編『経営学を楽しく学ぶ　New version』中央経済社、二〇〇二年、一二五頁。
(38) 六角明雄『図解でわかる経営の基本　一番最初に読む本』アニモ出版、二〇一七年、一四頁。
(39) 斎藤、前掲書、一〇五―一〇六頁。
(40) 斎藤は、これに加え「情報」も重要な要素であるとしている（斎藤、前掲書、八五頁）。柳もまた「情報」を重視し、その一つとしての書簡を活用した。このことは第三章でも触れる。
(41) 熊倉、前掲（「解説　柳宗悦の書簡」）、六三六頁。
(42) 三重県立美術館編『柳宗悦展――「平常」の美・「日常」の神秘』三重県立美術館、一九九七年、一四〇頁。
(43) 柳宗悦「一九四七（昭和十二）年九月十六日付武内潔眞宛書簡」、『柳宗悦全集』第二十一巻中、筑摩書房、一九八九年、一二九頁。

第一章

(1) 本節での伝記的記述は、水尾比呂志『評伝　柳宗悦』筑摩書房（ちくま学芸文庫）、二〇〇四年および鶴見俊輔『柳宗悦』平凡社（平凡社ライブラリー）、一九九四年を主に参照した。
(2) 木喰上人が全国を行脚しながら製作した仏像のこと。柳が評価したことによって世間に知られることになった。
(3) 柳宗悦『民藝とは何か』講談社（講談社学術文庫）、二〇〇六年、二三頁。
(4) 濱田琢司『民芸運動と地域文化――民陶産地の文化地理学』思文閣出版、二〇〇六年、二頁。
(5) 柳宗悦「物と宗教」、『宗教随想』春秋社、一九六〇年、三五頁。

（6）『大辞林　第三版』三省堂、二〇〇六年、七六七頁。
（7）柳宗悦「『たくみ』の開店に就いて」、『柳宗悦全集』第十巻、筑摩書房、一九八二年、四四六頁。
（8）銀座の「たくみ」に先行して、一九三三（昭和八）年、鳥取に「たくみ」ができている。
（9）「一九三三（昭和八）年二月九日付武内潔眞宛書簡」、『柳宗悦全集』第二十一巻上、筑摩書房、一九八二年、五二七頁。
（10）上林憲雄「人的資源管理」、神戸大学経済経営研究会編『ハンドブック経営学』ミネルヴァ書房、二〇一一年には、「企業は一般にヒト、モノ、カネ、情報やそのほかさまざまな経営資源を利用しながら経営している」（三六頁）とある。
（11）民芸同人で倉敷民藝館の経営にも直接関わり、柳からの書簡が最も多く残っている人物。
（12）「一九三四（昭和九）年六月十七日付外村吉之介宛書簡」、『柳宗悦全集』第二十一巻中、筑摩書房、一九八二年、二四頁。
（13）今後、柳の経営の特色について、大原孫三郎・總一郎との比較を試みたいと思っている。民芸運動と大原親子は少なからぬ因縁がある。兼田麗子は、柳と大原孫三郎との共通点について、①地域重視、②民衆重視、③迎合しない独自の姿勢、④多元的かつ軍国主義・権威主義否定の四つのポイントを上げている（兼田麗子『大原孫三郎の社会文化貢献』成文堂、二〇〇九年）。
（14）李尚珍「柳宗悦と浅川伯教の「朝鮮美術観」に関する一考察――「朝鮮民族美術館」の設立課程を中心に」、『比較文化研究』一一六、二〇一五年、五五―六八頁。
（15）「一九二二（大正十一年）十月十八日付斎藤實宛書簡」、『柳宗悦全集』第二十一巻上、筑摩書房、一九八九年、二四八頁。
（16）李尚珍「柳宗悦の朝鮮伝統芸術研究――浅川伯教・巧兄弟との繋がりを中心に」、『山梨英和大学紀要』八、五九頁。

（17）柳宗悦「感謝」、『柳宗悦全集』第十九巻、筑摩書房、一九八二年、八五四頁。
（18）小池静子『柳宗悦を支えて——声楽と民藝の母・柳兼子の生涯』現代書館、二〇〇九年、一六九頁。
（19）志賀直邦『民藝の歴史』筑摩書房、二〇一六年、三一八頁。
（20）『柳宗悦全集』第二十一巻下、筑摩書房、一九八九年、五七〇頁。

第二章

（1）佐野賢治「〝民〟の発見——民具・民芸から民俗まで」、『人類学研究所研究論集』二（南山大学人類学研究所）、二〇一五年、三頁。また、熊倉功夫も、二〇一〇年（平成二十二）年五月十六日の大阪日本民芸館の記念講演会で、「民衆文化と近代」と題して、近代における民衆文化の再評価の動きとして、本間久雄の『民衆芸術の意義及び価値』、津田左右吉の「平民文学」『文学に現れたる我が国民思想の研究』、柳田國男の『後狩詞史』『遠野物語』、前田林外の『日本民謡全集』、今和次郎の『日本の民家』、渋沢敬三のアチックミュージアム創設を挙げている。
（2）飯島吉晴「民俗学と文化人類学」、福田マシオ・小松和彦編『講座日本の民俗学1　民俗学の方法』雄山閣出版、一九九八年、一五六頁。ちなみに、「日本民族学会」は、二〇〇四年から「日本文化人類学会」と名称変更している。
（3）張修慎「戦時下台湾における「郷土意識」と柳宗悦の「民藝思想」——雑誌『民俗台湾』と『月刊民芸・民芸』との比較」、『桃山歴史・地理』四七（京都教育大学史学会）、二〇一二年、四八頁。
（4）民俗学研究所の建物は、飯田市美術館の構内に移築され、「柳田國男館」と呼ばれている。
（5）飯島、前掲書、一六六頁。
（6）田村善次郎「渋沢敬三と民族学」、近藤雅樹編『図説　大正昭和くらしの博物誌　民族学の父・渋沢敬三とアチック・ミューゼアム』河出書房新社、二〇〇一年、一二七頁。

（7）　橘川利忠「日本常民文化研究所」、近藤雅樹編『図説大正昭和くらしの博物誌　民族学の父・渋沢敬三とアチック・ミューゼアム』河出書房新社、二〇〇一年、一二八頁。
（8）　飯島、前掲書、一六六頁。
（9）　佐野、前掲書、五頁。
（10）　柳宗悦・柳田国男ほか「民芸と民俗学の問題」、『月刊民藝』二―四、一九四〇年、二四―三三頁。
（11）　柳・柳田ほか、前掲、二七―二八頁。
（12）　吉田憲司「民具と民藝・再考――展示への視座が分けたもの」、熊倉功夫・吉田憲司編『柳宗悦と民藝運動』思文閣出版、二〇〇五年、一八七―一八八頁。
（13）　笹原亮二「用と美――柳田国男の民俗学と柳宗悦の民藝を巡って」、熊倉功夫・吉田憲司編『柳宗悦と民藝運動』思文閣出版、二〇〇五年、二九二頁。
（14）　梅棹忠夫「あらたな国民芸術の確立者――『柳宗悦全集』」、『梅棹忠夫著作集』第十九巻「日本文化研究」、中央公論新社、一九九二年、三二〇頁。
（15）　一九四二（昭和十七）年一月二十九日付の積雪地方農村経済調査所の山口弘道所長宛の書簡が残っている。それには、渋沢の名前が、濱田庄司、河井寛次郎らとともに見える。これは、柳がこれらのメンバーとともに訪問することについて、山口所長に問い合わせるといった内容の書簡で、全集には収録されていない。
（16）　三原喜久子による（二〇一六年三月二十四日）。三原は長年、梅棹の秘書をしていた人物である（梅棹忠夫「『著作集』の編集と刊行」、『梅棹忠夫著作集』第二十二巻「研究と経営」、中央公論新社、一九九三年、五三四頁）。国立民族博物館の梅棹資料室では、梅棹が誰と会見しているかは、全てコンピューターに登録されているようである。そのため、柳と梅棹が会見していないことも、すぐに判明した。
（17）　梅棹、前掲（「あらたな国民芸術の確立者」）、三二〇頁。
（18）　梅棹、前掲（「あらたな国民芸術の確立者」）、三二〇頁。ちなみに、柳田と梅棹とは、伊藤幹治『柳田國男と梅棹忠夫――自前の学問を求めて』、岩波書店、二〇一一年に詳しくあるが、直接に親しく交流もしている関係である。同書によれば、二人は終生良好な関係を保った。梅原の秘書であった三原喜久子によると、梅棹が屋久島の研究報告に柳田宅を訪れた際、お茶に加えお菓子もでたという。柳田宅は訪問者に対してお茶もでないことが有名であった。それゆえ、このことは、柳田が、いかに梅棹を高く評価していたかを示すエピソードとして語り草になっているという（三原喜久子による、二〇一六年五月二十五日）。梅棹の伝記を記した山本も、「梅棹にとって柳田の影響は小さくなかった」と述べ（山本紀夫『梅棹忠夫――「知の探検家」の思想と生涯』中公新書、二〇一二年、六六頁）、井上忠司も同様のことを指摘していると述べている。

(19) 梅棹忠夫「国立民族学博物館の理想とその展開」、『梅棹忠夫著作集』第十五巻「民族学と博物館」、中央公論新社、一九九〇年、五五五頁。

(20) 梅棹、前掲（「国立民族学博物館の理想とその展開」）、五五五頁。

(21) 梅棹、前掲（「国立民族学博物館の理想とその展開」）、五五五頁。

(22) 有賀喜左衛門『一つの日本文化論――柳田国男に関連して』未来社、一九八一年、二〇一頁。

(23) 佐野、前掲、八頁。

(24) 梅棹忠夫「第二二巻へのまえがき」、梅棹忠夫『梅棹忠夫著作集』第二十二巻「研究と経営」、中央公論新社、一九九三年、iv―v頁。

(25) 白川静・梅棹忠夫・梅原猛・中村元『知の越境者――私の履歴書』日本経済新聞、二〇〇七年、三一三―三一四頁。

(26) 梅棹忠夫「研究経営論」、梅棹忠夫『梅棹忠夫著作集』第二十二巻「研究と経営」、中央公論新社、一九九三年、五頁。

(27) 梅棹、前掲（「研究経営論」）、一五四頁。

(28) 梅棹、前掲（「研究経営論」）、五頁。

(29) 梅棹、前掲(「研究経営論」)、一二一頁。
(30) 梅棹、前掲(「研究経営論」)、一二七頁。
(31) 梅棹、前掲(「研究経営論」)、一二二—一二三頁。
(32) 梅棹、前掲(「研究経営論」)、一二七頁。
(33) 三原喜久子による(二〇一六年五月二十五日、場所国立民族学博物館梅棹資料室)。
(34) 梅棹、前掲(「研究経営論」)、二〇六頁。
(35) 梅棹、前掲(「研究経営論」)、一四七頁。
(36) 梅棹、前掲(「研究経営論」)、一五四頁。
(37) 梅棹、前掲(「研究経営論」)、一一七頁。
(38) 梅棹、前掲(「研究経営論」)、一四九頁。
(39) 梅棹、前掲(「研究経営論」)、一六四頁。
(40) 梅棹、前掲(「研究経営論」)、一六四頁。
(41) 梅棹、前掲(「研究経営論」)、一六二頁。
(42) 梅棹、前掲(「研究経営論」)、一六五頁。
(43) 梅棹、前掲(「研究経営論」)、一〇五頁。
(44) 梅棹、前掲(「研究経営論」)、一〇五頁。
(45) 梅棹、前掲(「研究経営論」)、一五四—一五五頁。
(46) 梅棹、前掲(「研究経営論」)、五頁。
(47) 柳宗悦「美と経済」、『柳宗悦全集』第十巻、筑摩書房、一九八二年、四一—七四頁。
(48) 水尾比呂志『評伝　柳宗悦』筑摩書房(ちくま学芸文庫)、二〇〇四年、二七頁。
(49) 白川静・梅棹忠夫・梅原猛・中村元『知の越境者——私の履歴書』日本経済新聞、二〇〇七年、三一三

―三一四頁。

(50) 梅棹、前掲(「研究経営論」)、一〇八頁。

(51) 梅棹、前掲(「研究経営論」)、五頁。

(52) 伊藤幹治『柳田國男と梅棹忠夫――自前の学問を求めて』岩波書店、二〇一一年、一一三頁。

(53) 二〇一六年六月十一日、「二金会」での聞き取りによる。

(54) 梅棹、前掲(「研究経営論」)、一二九―一三〇頁。

(55) 二〇一六年四月八日、「小松左京を囲む会」における聞き取りによる。

(56) 三原喜久子による(二〇一六年五月二十五日、場所国立民族学博物館梅棹資料室)。

(57) 梅棹、前掲(「研究経営論」)、一〇二頁。

(58) 吉田桂介「紙すき桂介ひとり語り 二」、『季刊和紙』(全国手すき和紙連合会)、一九九五年九月号、八二―九〇頁。

(59) 高坂貫昭「大恩師を偲びて」、『民藝』、一〇二、一九六一年、二五頁。

(60) 高坂制立「柳宗悦先生と父」、『柳宗悦全集』第二十一巻下、「月報」二三、一九八九年、一頁。なお、富山の民芸運動の展開については、第四章を参照のこと。

(61) これは、柳に直接薫陶を受けた志賀直邦、水尾比呂志両氏の一致した感想であった。

(62) 白川・梅棹・梅原・中村、前掲書、三一四頁。

(63) 白川・梅棹・梅原・中村、前掲書、三二三頁。

(64) 梅棹、前掲(「研究経営論」)、三七頁。

(65) 梅棹、前掲(「研究経営論」)、八九頁。

(66) 梅棹、前掲(「研究経営論」)、一四八頁。

(67) 水尾、前掲書、六一五頁。

(68) 柳宗悦『柳宗悦全集』第二十一巻中、筑摩書房、一九八九年、二一頁。
(69) 白川・梅棹・梅原・中村、前掲書、三〇七頁。
(70) 水尾、前掲書、一九八頁。
(71) 梅棹忠夫「時代の証言者　文明学」、石毛直道・小山修三編『梅棹忠夫に挑む』中央公論新社、二〇〇八年、一九二頁。
(72) 山本紀夫『梅棹忠夫――「知の探検家」の思想と生涯』中央公論新社（中公新書）、二〇一二年、一〇九―一一一頁。
(73) 山本、前掲書、一一五頁。
(74) 山本、前掲書、三九―四〇頁。
(75) 水尾、前掲書、五一四頁。
(76) 水尾、前掲書、六〇四頁。
(77) 山本、前掲書、一一七頁。
(78) 水尾、前掲書、五八二頁。
(79) 水尾、前掲書、五八一頁。
(80) 竹中均『柳宗悦・民藝・社会理論――カルチュラル・スタディーズの試み』明石書店、一九九九年、七二頁。
(81) 水尾、前掲書、五九三頁。
(82) 小山修三「ゲゼルシャフトへの志向」、『梅棹忠夫著作集』第二十二巻「研究と経営」、中央公論新社、一九九三年、五五七―五七二頁。
(83) この会の主催で大阪日本民芸館への見学会が二〇〇九年（平成二十一）年十一月に実施され。小松左京本人が大阪日本民芸館を訪れた。

（84）　筆者が大阪日本民芸館の運営を担当するなかで、二〇〇九年（平成二十一）年春に「お茶」という共通テーマと共通入場券が初めて実現した。大阪日本民芸館のテーマは「茶と美――柳宗悦・茶を想う」であった。一方、国立民族学博物館のテーマは「千家十職×みんぱく――茶の湯のものづくりと世界のわざ」で、民博の実行委員長は八杉佳穂であった。

第三章

（1）　小畠邦江「柳宗悦と倉敷――大原孫三郎との出会いを中心に」、熊倉功夫・吉田憲司編『柳宗悦と民藝運動』思文閣出版、二〇〇五年、三二七頁。

（2）　柳自身も吉田正太郎宛の書簡で、「小生は論ずることを行うとしているのです。望みは失いません、したい多くの事がむらがって迫って来ているのです」と自ら、自身の行動力について述べている（一九二七（昭和二）年十一月十五日付吉田正太郎宛書簡」、『柳宗悦全集』第二十一巻上、筑摩書房、一九八九年、三三〇頁）。

（3）　「一九三九（昭和十四）年二月二日付武内潔眞宛書簡」、『柳宗悦全集』第二十一巻中、筑摩書房、一九八九年、一六二頁。なお、本章では柳の書簡を多く参照する。そのため、以下、柳の書簡からの参照の場合は、混乱をさけるために、その都度、書誌情報を明記し、同一の書簡を参照した場合でも「前掲」等の記載は取らないこととする。

（4）　鈴木禎宏「民芸運動とバーナード・リーチ」、熊倉功夫・吉田憲司編『柳宗悦と民藝運動』思文閣出版、二〇〇五年、一七二頁。

（5）　熊倉功夫「解説　柳宗悦の書簡」、『柳宗悦全集』第二十一巻下、筑摩書房、一九八九年、六三六頁。

（6）　このように書簡から読み取れることは多く、これは、本章のみならず、本論の全体を通しての有効な資料となった。もともとこの本論のテーマを思いついたのも、修士論文作成の時、柳の書簡を読んだことが契機となっている。したがって柳の書簡「四千七百通」は全て目を通している。本論のテーマにおいて柳の書簡を活用することの有用性は、この時にはっきり自覚できた。

（7）　菅勝彦『相馬貞三』有限会社銀河、二〇一五年、一八八―一九〇頁。

（8）　一九四二（昭和十七）年一月二十九日付山口弘道所長宛書簡（未刊行）。

（9）　「一九四六（昭和二十一）年九月二十九日付武内潔眞宛書簡」、『柳宗悦全集』第二十一巻中、筑摩書房、一九八九年、四六三頁。

（10）　文部省ではなく、商工省宛申請した理由について、柳は「文部省でなく商工省宛に申請した理由は、今後新作品製作の為に一層の努力を拂いたいからである。只古いものを並べるだけの仕事としたくない念願による」述べている（宇賀田達雄『日本民藝協会の七〇年』奥村印刷、二〇〇六年、二六頁）。

（11）　「民藝館・民藝協会消息及び寄附報告」、『柳宗悦全集』第十六巻、筑摩書房、一九八九年、四二〇―四二二頁。

（12）　水谷について、兼子夫人は「森数樹さんと役所で同じようなところへ勤めていらっしゃるでしょ、内閣統計局でしたか。それでよく二人で相談なさっては助けて下さったんですよ、ずいぶん世話になりました。金銭ばかりじゃなくね、民藝館の経済のことやなんか、ずいぶん人と人とのことも気をつけて下さいましたよ」と述べている（水尾比呂志『評伝　柳宗悦』筑摩書房、二〇〇四年、五九五頁）。ここでは詳述はしないが、柳の経営を助けた重要な人物の一人である。

（13）　「一九三六（昭和十一）年八月三日付武内潔眞宛書簡」、『柳宗悦全集』第二十一巻中、筑摩書房、一九八九年、九六頁。

（14）　林雄二郎・山岡義典『日本の財団――その系譜と展望』中央公論新社、一九八四年、一三一頁。

（15）　「一九三六（昭和十一）年九月二十九日付武内潔眞宛書簡」、『柳宗悦全集』第二十一巻中、筑摩書房、一九八九年、一〇四頁。

(16)　「一九四六（昭和十一）年十一月八日付武内潔眞宛書簡」、『柳宗悦全集』第二十一巻中、筑摩書房、一九八九年、一〇七頁。
(17)　「一九四七（昭和十二）年九月十六日付武内潔眞宛書簡」、『柳宗悦全集』第二十一巻中、筑摩書房、一九八九年、一二九頁。
(18)　『たくみ』の開店に就いて」、『柳宗悦全集』第十巻、筑摩書房、一九八九年、四四六頁。
(19)　柳、前掲（「『たくみ』の開店に就いて」）、四四六頁。
(20)　「一九三三（昭和八）年十二月十九日付武内潔眞宛書簡」、『柳宗悦全集』第二十一巻上、筑摩書房、一九八九年、五六二頁。
(21)　柳が「民藝館は財団法人であって免税のため商品を扱う事が禁止されいている」と書いている書簡がある（柳宗悦「一九六〇（昭和三十五）年八月十四日付顔水龍宛書簡」、『柳宗悦全集』第二十一巻下、筑摩書房、一九八九年、五二九頁）。現在の公益財団法人では、公益および収益事業としてミュージアムショップを経営することが可能である。
(22)　「一九三三（昭和八）年十二月二十八日付武内潔眞宛書簡」、『柳宗悦全集』第二十一巻上、筑摩書房、一九八九年、五六〇頁。
(23)　柳、前掲（「『たくみ』の開店に就いて」）、四四六頁。
(24)　「一九三三（昭和八）年十二月二十八日付武内潔眞宛書簡」、『柳宗悦全集』第二十一巻上、筑摩書房、一九八九年、五六〇頁。
(25)　柳、前掲（「『たくみ』の開店に就いて」）、四四六頁。
(26)　「一九五二（昭和二十七）年十一月二十五日鈴木篤宛書簡」、『柳宗悦全集』第二十一巻下、筑摩書房、一九八九年、八五—八六頁。この書簡もまた、「民芸ツリー」の内容を裏付けるものである。
(27)　「一九三四（昭和九）年六月十七日外村吉之介宛書簡」、『柳宗悦全集』第二十一巻中、筑摩書房、一九八九年、二四頁。
(28)「一九五八(昭和三十三)年十一月十七日付ヨシコウチダ宛書簡」、『柳宗悦全集』第二十一巻下、筑摩書房、一九八九年、三五〇頁。
(29)萓、前掲書、一八八—一九〇頁。
(30)「一九三三(昭和八)年三月二十三日中熊義夫宛書簡」、『柳宗悦全集』第二十一巻上、筑摩書房、一九八九年、五三七頁。
(31)富山県における民芸運動において、空白地域の解消を目指して高岡市で第一回民藝展を開催するという柳等の動きがあった(第四章参照)。
(32)「一九四五(昭和二十)年十二月三日外村吉之介宛書簡」、『柳宗悦全集』第二十一巻中、筑摩書房、一九八九年、四二二—四二三頁。
(33)「一九三一(昭和六)年七月十八日太田直行宛書簡」、『柳宗悦全集』第二十一巻上、筑摩書房、一九八九年、四三六頁。同様の事柄は、富山県でも確認できる(第四章参照)。
(34)小池静子『柳宗悦を支えて——声楽と民藝の母・柳兼子の生涯』現代書館、二〇〇九年、一五〇頁。
(35)熊倉功夫「手紙のなかの柳宗悦」、熊倉功夫・吉田憲司編『柳宗悦と民藝運動』思文閣出版、二〇〇五年、五一頁。
(36)「一九四二(昭和十七)年五月十三日付鈴木篤宛書簡」、『柳宗悦全集』第二十一巻中、筑摩書房、一九八九年、二四〇頁。
(37)金谷美和「文化の消費——日本民芸運動の展示をめぐって」、『人文学報』(京大人文科学研究所第七七号)、一九九六年、六三—九七頁。
(38)吉田憲司「民具と民芸・再考——展示への視座が分けたもの」、熊倉功夫・吉田憲司編『柳宗悦と民藝運動』思文閣出版、二〇〇五年、一八七—一八八頁。

(39) 「一九三三（昭和八）年十二月二十三日付バーナード・リーチ宛書簡」、『柳宗悦全集』第二十一巻上、筑摩書房、一九八九年、五六四頁。
(40) 小池、前掲書、一〇五頁。
(41) 水尾、前掲書、五七四頁。
(42) 水尾、前掲書、五四四頁。
(43) 熊倉功夫「こころの玉手箱」四、『日本経済新聞』二〇一七年十月二十六日夕刊。
(44) 熊倉、前掲（「こころの玉手箱」四）。
(45) 「一九四二（昭和十七）年十二月十五日付河井寛次郎宛書簡」、『柳宗悦全集』第二十二巻下、筑摩書房、一九八九年、一三二頁。
(46) 二〇一四年（平成二十四）年十月十四日の聞き取りによる。
(47) 水尾、前掲書、六〇七頁。
(48) 水尾、前掲書、五七七頁。
(49) 小池、前掲書、七六頁。
(50) 小池、前掲書、一三四頁。
(51) 小池、前掲書、一二八頁。
(52) 水尾、前掲書、五一一頁。
(53) 「一九一六（大正五）年□〔原文ママ〕月十六日付柳勝子・石丸千枝子宛書簡」、『柳宗悦全集』第二十一巻下、筑摩書房、一九八九年、一三頁。
(54) 宇賀田、前掲書、五九頁。
(55) 小池、前掲書、二〇五頁。
(56) 「一九四七（昭和二十二）年八月二十一日付丸山太郎宛書簡」、『柳宗悦全集』第二十一巻中、筑摩書房、一九八九年、四九九—五〇〇頁。
(57) 小池、前掲書、一二〇頁。水尾、前掲書、五八八頁にも同様の記述がある。
(58) 「一九二五（大正十四）年十一月二日付バーナード・リーチ宛書簡」、『柳宗悦全集』第二十一巻上、筑摩書房、一九八九年、二九三—二九八頁。
(59) 小池、前掲書、一三〇頁。
(60) 柳沢秀行「日本民藝運動の主導者たちと倉敷」、『大原美術館紀要』三、二〇〇九年、四七頁。
(61) 小池、前掲書、八九頁。
(62) 小池、前掲書、一〇七頁。
(63) 小池、前掲書、一四七頁。
(64) 小池、前掲書、一五二頁。
(65) 志賀直邦『民藝の歴史』ちくま学芸文庫、二〇一六年、二九六頁。
(66) 朝鮮総督府宛の書簡は次の通り。「貴下併びに政務総監から、吾々の美術館へ金壱百五拾円御寄付くださり確か受け取り致しました〔……〕深き御礼の心を御伝え致します」（「一九二二（大正十一年）十月十八日付斎藤實宛書簡」、『柳宗悦全集』第二十一巻上、筑摩書房、一九八九年、二四八頁）。但しこの金銭が公費か私費かは詳細不明である。
(67) 『柳宗悦全集』第二十二巻下「月報」に掲載された「宗悦の蒐集」という文章の中で、柳宗理は次のように記述している。「大正十二年関東大震災があり、父の兄悦多が死んだり、その他色々不幸な事情から、宗悦は無一文になってしまった。しかし経済的頭を殆ど持たない宗悦は家計の苦しいにも拘わらず、どんどん自分の好きなものを買い漁るのに夢中であった。従って以後は母兼子が音楽で稼いで、父宗悦に貢ぐ恰好になってしまったのである」（柳宗理「宗悦の収集」、『柳宗悦全集』第二十二巻下、筑摩書房、一九八九年、「月報」二五頁）。しかし、兼子夫人は、水尾のインタビューに対して、柳からの生活費支給はあった。足らない分は自分が補填したと答えている（水尾、前掲『評伝　柳宗悦』、五四四頁）。
（68）「一九四七（昭和二十二）年十一月二十五日付武内潔眞宛書簡」、『柳宗悦全集』第二十一巻中、筑摩書房、一九八九年、五〇九―五一〇頁。
（69）「一九三六（昭和十一）年十一月六日付森永重治宛書簡」、『柳宗悦全集』第二十一巻中、筑摩書房、一九八九年、一〇七頁。
（70）水尾と志賀については、序章を参照。
（71）熊倉、前掲（「手紙のなかの柳宗悦」）、四六頁。
（72）大沢啓徳『柳宗悦と民藝の哲学――「美の思想家」の軌跡』ミネルヴァ書房、二〇一八年、三一四頁。
（73）事実、「更に借金をつもるのは難しい」と借金への警戒を、柳は書いている（柳宗悦「一九七〇（昭和三十五）年二月二日付中西幸一宛書簡」、『柳宗悦全集』第二十一巻下、筑摩書房、一九八九年、四七二頁）。
（74）一九五四（昭和二十九）年三月付の柳の文書で「現在の役員は、館長柳宗悦、理事は河井寛次郎、濱田庄司、大原總一郎、芹沢銈介、村岡景夫、中田勇吉、監事は山本為三郎であります。実際の事務に従事しているのは目下は浅川咲子、同園絵の二人だけでありまして、今の経済では、それ以上の人員を望むことは出来ません」（『柳宗悦全集』第十六巻、筑摩書房、一九八九年、二三九頁）とある。
（75）長井誠「柳宗悦と経営――梅棹忠夫と比較して」、『南山大学大学院国際地域文化研究』一二、二〇一七年、三―二四頁（第二章参照）。
（76）熊倉、前掲（「手紙のなかの柳宗悦」）、四九頁。
（77）『柳宗悦全集』第十六巻、筑摩書房、一九八九年、三六二頁。
（78）熊倉、前掲（「手紙のなかの柳宗悦」）、四六頁。
（79）柳、前掲（「たくみ」の開店に就いて」）、四四六頁。
（80）柳、前掲（「たくみ」の開店に就いて」）、四四六頁。

(81)　宇賀田、前掲書、四九頁。
(82)　宇賀田、前掲書、四九頁。
(83)　「一九三八（昭和十三）年六月十二日付河井寛次郎宛書簡」、『柳宗悦全集』第二十二巻下、筑摩書房、一九八九年、九八頁。
(84)　梅棹忠夫「研究経営論」、『梅棹忠夫著作集』第二十二巻「研究と経営」、中央公論新社、一九九三年、一五四頁。
(85)　長井、前掲（「柳宗悦と経営」）、一三六―一三七頁。
(86)　鶴見俊輔「解説　学問の位置」、『柳宗悦全集』第一巻、筑摩書房、一九八一年、七四七頁。
(87)　「一九三八（昭和十三年）六月二十五日付河井寛次郎宛書簡」、『柳宗悦全集』第二十二巻下、筑摩書房、一九八九年、九八頁。
(88)　二〇一二年（平成二十四）年十二月十四日、「民藝の野生と僕らの時代」というテーマの講演での中沢の言葉。場所は京都のVOXビル。

第四章

(1)　この研究成果は、富山市民芸館の五十周年記念講演会でも発表した。本章は、そのときに発表した内容を加筆修正し論文としてまとめたものである。
(2)　水尾比呂志「解説　民藝運動の創始」、『柳宗悦全集』第八巻、筑摩書房、一九八二年、六三八―六三九頁。
(3)　水尾比呂志「解説　戦後の民藝運動」、『柳宗悦全集』第十巻、筑摩書房、一九八二年、七七五頁。
(4)　鳥取については、木谷清人編『吉田璋也の世界――Shoya Yoshida Design Collection』、鳥取民藝美術館、二〇一五年が、青森については、菅勝彦『相馬貞三』有限会社銀河、二〇一五年がある。

(5) 柳宗悦『美の法門』春秋社、一九八四年(初出一九四九年)。
(6) 日本地誌研究所編『日本地誌』第十巻「富山県・石川県・福井県」、二宮書店、一九七〇年、二一〇八頁。
(7) 日本地誌研究所編、前掲書、五三頁。
(8) 日本地誌研究所編、前掲書、五六頁。なお、以下、本章で示される①〜⑦は、この地域区分を示すものである。
(9) 水尾、前掲(「解説 戦後の民藝運動」)、七七五頁。
(10) 萱、前掲書、一八八―一九〇頁。
(11) 宇賀田達雄『日本民藝協会の七〇年』(私家版)、二〇〇六年、一四頁。
(12) 柳宗悦『手仕事の日本』春秋社、一九七二年(初出一九四八年)。
(13) 井手英策『富山は日本のスウェーデン――変革する保守王国の謎を解く』集英社新書、二〇一八年、八〇頁も富山の売薬行商について触れているので、参照のこと。
(14) 柳、前掲書(『手仕事の日本』)、一五七―一五八頁。
(15) 桂樹舎・吉田泰樹社長への聞き取りによる(二〇一五年八月九日)。
(16) 濱田琢司によれば、沖縄でつくられていた琉球古典焼への柳の評価にも、そうした面がみられるという(濱田琢司「『宝の島』沖縄の手工芸――民芸イメージの向こう側」、『地理』六五五五、二〇一〇年、五四頁)。
(17) 柳宗悦「日本民芸図説」、『工藝』四七、一九三四年、六九頁。
(18) 柳、前掲書(『手仕事の日本』)、一五九―一六〇頁。
(19) 柳、前掲書(『手仕事の日本』)、一六一頁。
(20) 柳宗悦著、日本民藝協会協力『柳宗悦 民藝の旅――〝手仕事の日本〟を歩く』平凡社、二〇一一年。
(21) 同前、三九頁。

(22) 尾久彰三「解説　伯父安川慶一のこと――あとがきに代えて」、安川慶一『生涯求美』用美社、一九九〇年、一七八頁。
(23) 宇賀田、前掲書、一四頁。
(24) 吉田桂介「柳宗悦先生と私」、『民藝』六七九、二〇〇九年、一二頁。
(25) 高坂貫昭「大恩師を偲びて」、『民藝』一〇二、一九六一年、二五頁。
(26) 高坂制立「柳宗悦先生と父」、『柳宗悦全集』第二十一巻下、筑摩書房、一九九二年、「月報」二三頁。
(27) 太田浩史『棟方志功の念仏経験』(私家本)、二〇一五年、三四頁。
(28) 福光美術館副館長の渡邊一美は、棟方は富山で、「南無阿弥陀仏」と絶対他力の感得・悦び(ウレシクッテ　アリガタクッテ　アバレルヨ)を得たと述べている(大阪日本民芸館における二〇一四年十一月三十日開催の民芸ゼミにて)。
(29) 「吉田龍象が主催する福光の白道舎(念仏道場)で、曽我量深の書いた短冊を見た棟方志功は「これじゃ　これじゃ」と言って、即座に唐紙の襖を倒し、「宿業者是本能即感応道交(しゅくぎょうはこれほんのうすなわちかんのうどうこう)」と大書きした。棟方は、「太い筆がなかったので刷毛でかいた」と述べている。また、高岡駅前の漆芸家の彼谷芳水宅にも同業者が集まり、棟方も顔を見せていたとのこと。酒が入ると、なんにでも書くので、棟方が酒を飲むと、襖をかくせという指示がでたとのこと(高岡高校出身の大塚真寿美〔二〇一五年九月二十七日〕、およびその弟である彼谷利彬〔二〇一五年十一月十九日〕からの聞き取りによる)。
(30) 木村宣彰「棟方志功と真宗の風土　講演(抄)」、『福光美術館・愛染苑　友の会会報』一八、二〇一五年、二頁。
(31) 一九五一年の北陸銀行のカレンダーは、棟方のデザインによっている。北陸銀行の社史にも、棟方のカレンダーは紹介されている。
(32) 棟方志功『板極道』中央公論社(中公文庫)、一九七六年、九二頁。

(33) 柳宗悦『蒐集物語』春秋社、一九七四年、七三頁。
(34) 「一九四六（昭和二十一）年六月九日付中田勇吉宛書簡」、『柳宗悦全集』第二十一巻中、筑摩書房、一九九二年、四五二頁。
(35) 柳宗悦『宗教随想』春秋社、一九六〇年、九四頁。
(36) 柳、『美の法門』、『柳宗悦全集』第十八巻、筑摩書房、一九八〇年、二三頁。
(37) 二〇一一年の「柳宗悦展」（於大阪歴史博物館）では、「無有好醜」という軸が展示してあった。一九五〇年代の柳自らの筆によるものとされ、この言葉への柳の思い入れの強さが見て取れる。『美の法門』では、本来、美醜はない、だから、天才でもない名もなき工人が作り出す器にも民芸の美が宿る、という仏教美学を柳は打ち立てた。展覧会でのＤＶＤ資料では、「美醜の区別厳しい選別の末行き着いた、柳の境地だったのです」と紹介している。
(38) 『柳宗悦全集』第二十一巻中、筑摩書房、一九九二年、五二九頁。
(39) 柳、前掲書（『美の法門』）、一一頁。
(40) 鶴見俊輔『柳宗悦』平凡社（平凡社ライブラリー）、一九九四年、二七九頁。
(41) また、武邦保も、「彼の主題が美の法門といわれるゆえんもそこにひそんでいる。〔……〕ここに美の芸術がすべての人類を心で和合させ物理的に救っていく宗教が生まれることになる」と述べている（武邦保「美の神学序説（その四）――柳宗悦の民芸と宗教」、『同志社女子大学学術研究年報』三四―三、一九八三年、三四六頁）。これに対して、人類学者の中沢新一は、二〇一二年十二月十四日の講演で『美の法門』について「柳は書いてはいけないことを書いた」と発言し、否定的見解を述べている。
(42) 一九五一年五月十五日完成。百冊限定で、装丁口絵は芹沢、紙は吉田桂介斡旋による越中八尾和紙傘紙。
(43) 二〇一五年十一月二十二日に元北日本放送のアナウンサーの相本芳彦に参加者の経歴をヒアリングしたところ、上野条太郎（現在もある上野写真館の店主か）、多田太三郎（現在もある多田薬品の社長か）、室崎間佐一（作曲家室崎琴月の一族か）、南健吉（蒐集家で、後に砺波運輸の社長になった南一族か）という回答であった。

（44）　二〇一五年八月十一日、富山市民俗民芸村高木学芸員への聞き取りによる。

（45）　北日本新聞の記事は、富山県初の民芸品展であることが強調された記事になっている（「琉球の紅型染も出品――県内初の民芸品展ひらく」、『北日本新聞』一九五四年十月二十日）。

（46）　筆者の経験上、東京駒場の五十点と地元二百点の合計二百五十点という大規模な展覧会なのに、会期が九日間と短いのは納得しかねる点である。このあたりの事情については、今後調査を進めてみたい。

（47）　吉田自身によれば、芹沢が手取り足取り技術を教えたのは、吉田のみであったという（原研哉『ミツバチ鈴木先生』羽鳥書店、二〇一四年、二〇六頁）。

第五章

（1）　上海万博の会期は、二〇一〇年五月一日から十月三十一日で、大阪万博とほぼ同じ六カ月間だったが、入場者数は七千三百万人を記録した。

（2）　WILL BE CORPORATION Kyoto Japan「展覧会入場者数ランキング」（二〇一一年二月一日）、http://www.willbe.biz/blog/m、最終閲覧日二〇一七年十月一日。

（3）　モナリザ展は会期が五十日間であり、六カ月間開催された万博と比較すると、一日当たりの入場者はモナリザ展が大きく上回っている。ちなみに、東京駒場の日本民藝館の二〇一六年度の年間入館者数は約四・五万人である。「万博・日本民藝館」への訪問者数が、民芸運動関係の事象の中では、いかに桁外れのものであったかがわかる。

（4）　大阪府より入手。

（5）　秀平政治は、倉敷レイヨン（現クラレ）の秘書部に勤務していた関係から、一九六七（昭和四十二）年十一月に組織された万博出展協議会の常任委員で事務局長を務めた。後に大阪民藝協会にも加入した秀平は、柳宗悦とも交流があったようで、柳の書簡にも秀平の名前を確認することができる（「一九五六年十二月五日付武内潔眞宛書簡」、『柳宗悦全集』第二十一巻下、筑摩書房、一九八九年、二一九頁）。また、倉敷レイヨン常任監査役、日本民藝館評議員も務めている（『民藝』五〇七、一九九五年、一八頁）。

（6）　これは、秀平政治が大阪日本民芸館の十五周年記念特別展に招かれた後、大阪民藝協会宛に書かれた原稿である。何故か発表されず、歴史の中で消えていたものを、大阪民藝協会の総会の際に、筆者が偶然みつけ、大阪民藝協会会長辻野純徳の許可を得て、その写しを入手したものである。なお、辻野大阪民藝協会会長によれば、この原稿が発表されなかったのは、発表時期を失ったからであるという（二〇一七年五月八日の聞き取りによる）。

（7）　柳宗理「大阪日本民芸館二十五周年　未来に光を与える民藝館として」、『民藝』五〇七、一九九五年、四頁。なお、引用中の「大阪日本民芸館」は、実質的には「万博・日本民藝館」を指している。

（8）　「万博へ日本民芸館出展契約成る」、『民藝』一八五、一九六八年、一〇―一一頁。

（9）　弘世現「開館披露式の挨拶」、『民藝』二〇七、一九七〇年、一一頁。

（10）　濱田庄司「万博・日本民芸館」、『民藝』二〇七、一九七〇年、二八頁。

（11）　濱田琢司『民芸運動と地域文化――民陶産地の文化地理学』思文閣出版、二〇〇六年、二頁での定義を一部修正したもの。

（12）　水尾比呂志『評伝　柳宗悦』筑摩書房（ちくま学芸文庫）、一九九二年、一八九―一九九頁。

（13）　吉田憲司「民具と民藝・再考――展示への視座が分けたもの」、熊倉功夫・吉田憲司編『柳宗悦と民藝運動』思文閣出版、二〇〇五年、一八五―二一九頁。

（14）　木谷清人編『吉田璋也の世界――Shoya Yoshida Design Collection』鳥取民藝美術館、二〇一五年、二六―四〇頁。

(15) 小畠邦江「柳宗悦と倉敷――大原孫三郎との出会いを中心に」、熊倉功夫・吉田憲司編『柳宗悦と民藝運動』思文閣出版、二〇〇五年、三二二―三四七頁。
(16) 小野絢子「関西における民芸運動の展開」、『故事』(天理大学考古学・民俗学研究室紀要)、一九、二〇一五年、一六―三一頁。
(17) 志賀直邦『民藝の歴史』筑摩書房(ちくま学芸文庫)、二〇一六年、三四九頁。
(18) 志賀、前掲書、三四五頁。
(19) 小野、前掲、一八頁。
(20) 濱田琢司・福田里香・ナガオカケンメイ他『新しい教科書11 民芸』プチグラパブリッシング、二〇〇七年、二七頁。
(21) 兼田麗子『戦後復興と大原總一郎――国産合成繊維ビニロンにかけて』成文堂、二〇一二年、一四五頁。
(22) 当時、時弘世の秘書をしていた清水豊啓への聞き取りによる(二〇一六年六月二十三日)。
(23) 万博公園内の施設については、『事務概要 万博機構』(二〇一三年まで発行)参照。
(24) 所蔵品の数としては、日本民藝館が約一万七千点、大阪日本民芸館が約六千点である。
(25)「〝暮らしの美〟集めて 万国博 回廊式の民芸館出展」、『毎日新聞』一九六八年四月二十三日朝刊。
(26) このため民間企業ならではのノウハウが蓄積されていると思われる。この点については、別の機会に触れたい。
(27) 井上太郎『大原總一郎――へこたれない理想主義者』中央公論新社(中公文庫)、一九九八年、三五五―三五六頁。
(28) 江上剛『天あり、命あり――百年先が見えた経営者大原總一郎伝』PHP研究所、二〇一六年、三一〇―三一一頁。
(29) 兼田、前掲書、二〇一二年、二一一頁。

(30) 秀平政治「財団法人大阪日本民芸館開館十五周年記念特別展に招かれて」、未発表原稿、一九八六年。
(31) 小川治兵衛「サライ・インタビュー　造園植治十一代小川治兵衛」、『サライ』二〇一五年十月号、二〇頁。
(32) 兼田、前掲書、一四五頁。
(33) 兼田、前掲書、一四五頁。
(34) 兼田、前掲書、五頁。
(35) 財団法人日本科学技術振興財団「立体音楽堂に関する報告書」、一九六七年。
(36)「昭和四十二年三月十四日常任理事会会議録４」、『日本万国博覧会公式記録資料集別冊Ｂ４』、三〇一頁。
(37) 前掲（「昭和四十二年三月十四日常任理事会会議録４」）参照。
(38)「昭和四十二年八月十八日常任理事会会議録６」、『日本万国博覧会公式記録資料集別冊Ｂ６』、二〇一―二〇二頁。
(39) 辻野純徳「新たな出発に向けて」、『民藝』五〇七、一九九五年、一八頁。
(40)「日本民芸館出展構想」、一九六七（昭和四十二）年九月二十八日（大阪府資料）。
(41)『毎日新聞』、前掲（「〝暮らしの美〟集めて　万国博　回廊式の民芸館出展」）。
(42)「昭和四十二年八月十八日常任理事会会議録６」、『日本万国博覧会公式記録資料集別冊Ｂ６』、二〇一―二〇二頁。
(43) 三田商業研究会編『慶應義塾出身名流列伝』実業之世界社、一九〇九年、四五一―四五二頁。
(44) 井上明義・土方久子『父と母の昭和続編』協友印刷、二〇一七年、四一八頁には、「叔父様（弘世現のこと）は穏やかで、いつもにこやかにお話しされる方だった」との醍醐忠和による記載がある。
(45) 弘世現「弘世現」、日本経済新聞編『私の履歴書　経済人17』日本経済新聞社、一九八一年、三八〇頁。
(46) 萩原啓一『評伝　弘世現』国際商業出版、一九七七年、一九頁。

(47) 電話による聞き取りによる（二〇一七年六月二十八日）。もっともこれが、万博への出展準備にかかる時期以降なのか、それ以前のことなのかまでは確認できていない。
(48) 新居恒夫「大阪日本民芸館前理事長弘世現氏を偲ぶ」、『民藝』五一九、一九九五年、六四頁。
(49) 聞き取りによる（二〇一六年六月二十三日）。
(50) 大阪府企画部教育文化課「万国博跡地文化施設について（美術館、民芸館、万国博ホール、鉄鋼館）」、一九七一年、四六頁。
(51) ちなみに、万博終了から十年を経た図10の写真は、当時のパビリオンの館長同士の交流があったことが推察され、興味深いものである。
(52) 『一九七〇（昭和四十五）年十二月十四日　第十二回万博日本民藝館出展協議会議事録』（資料提供は大阪日本民芸館）。
(53) 秀平、前掲（「未発表原稿」）。
(54) 萩原、前掲書、三五九頁。その言葉は、新宿小田急百貨店で開催された濱田の追悼作品展図録において、濱田の言葉として紹介された、「伝統とは地下水の水のようなものだよ。それを掘り抜いて、初めて自分の手に新鮮なわき水をくみ上げることができる。古い水ばかりに頼った仕事をしているようでは，だめだよ」というものであった。
(55) 濱田の文章は、「万博・日本民藝館」の時の図録にも掲載され、現在でも大阪日本民芸館の第四展示室に掲示してある。
(56) 秀平、前掲（「未発表原稿」）。
(57) 新居恒夫「大阪日本民芸館前理事長　弘世現氏を偲ぶ」、『民藝』五一九、一九九五年、六四―六五頁。
(58) 上述のように施設の敷地三〇七〇平方メートル、建物延床二二〇六平方メートルは日本民藝館を上回っている。ほか、所蔵作品数は既述の通り約六千点、二〇一六（平成二十八）年度の事業活動支出は、三五六四万円である。

終章

（1）大沢啓徳『柳宗悦と民藝の哲学――「美の思想家」の軌跡』ミネルヴァ書房、二〇一八年、一〇五頁。

（2）原田喜子も三国荘について「民芸思想を世間に訴えられたことは、民芸運動にとっては大きな飛躍をもたらしたに違いない」とその意義を述べている（原田喜子「大礼記念国産振興東京博覧会「民藝館」――主人室と応接室の造形にみる柳宗悦の世界観」、関西大学東アジア文化研究科文化交渉学専攻修士論文、二〇一八年、二五頁）。

（3）この展示については、二〇一五（平成二十七）年に新規に導入した。

（4）パソコンでの作成については、二〇一五（平成二十七）年に新規に導入した。

（5）この取り組みは、二〇一二（平成二十四）年に新規に導入した。

（6）藤田治彦・川島智生・石川祐一・濱田琢司・猪谷聡『民芸運動と建築』淡交社、二〇一〇年、四六頁。

（7）大沢、前掲書、一三四頁。

（8）柳宗悦「工芸の道」、『柳宗悦全集』第八巻、筑摩書房、一九八〇年（初出一九二八年）、八六頁。

（9）大阪日本民芸館スタッフ作成の小職宛の餞別文書。

（10）現在の日本民藝館では、館長は無給ではないようである。また、柳は民藝館の館長職は世襲となることが無いように表明していたようである。館長給与も、館長職の世襲も柳の死後は柳の理想は実現しなかったようである。民芸館の理想的な館長を柳はどのように考えていたのであろうか。筆者の研究の中で判明した不適切人材の館長就任の実例があった。第一が見識の低い職人が館長に就任し、とんでもないスキャンダルに見舞われた例。第二が、学芸知識のない出向公務員が、館長に就任し、入館者数の追求ばかりに走り、館蔵品の管理を怠った例。要は、経営と学芸両方のバランスをとって、館を運営することが大切である。これからの館の経営者・運営者は両方求められる。柳のような芸術も経営も両方わかる高い能力を持つものが、民芸館を運営するのが理想的なのではないだろうか。国立民族学博物館の梅棹忠夫もその例である。現在、東京の日本民芸館は財団の理事長は経済人が、館長は国際デザイナーが就任している。最近では、館長と理事長を兼任した唯一の例外は、故小林陽太郎氏である。

(11)　これも、二〇一七（平成二十五）年に新規に導入した。

年表

西暦	民芸運動・経営に関係する歴史	関連する社会経済史
一八八九年	三月、柳誕生	
一八九一年	一月、柳の父楢悦死す	
一九〇四年		二月、日露戦争開戦（翌年九月終戦）
一九一〇年	四月、柳、雑誌『白樺』創刊に参画	
一九一四年	二月、柳、中島兼子と結婚 九月、柳、浅川伯教より白磁を受け取る	七月、第一次世界大戦開戦（一八年十一月終戦）
一九一六年	九月、柳初めての朝鮮訪問で石窟庵に三回訪問 柳勝子宛の手紙の中で大国銀行あて預金回収を申し出るも不調 柳家の財産状況は大幅に悪化	

一九一七年	兼子夫人の実家中島鉄工所倒産	
一九一九年		三・一運動
一九二〇年	一月、次兄楢喬死す	
一九二一年	二度目の渡朝、各地で講演会と音楽会を開く 五月、神田流逸荘で朝鮮民族美術展覧会開催 八月、妹今村千枝子死す	
一九二三年	九月、長兄悦多が関東大震災で死す	関東大震災
一九二四年	朝鮮民族美術館開館。初めて木喰仏をみる	
一九二六年	四月、「日本民藝美術館設立趣意書」発表 「木喰上人」研究（一九二六大正一四年から一、九二七大正一五年）	
一九二七年	三月、上加茂民芸協団発足 六月、最初の日本民芸品展を東京鳩居堂で開催 新潟民藝美術協会発足	
一九二八年	三月、高林兵衛等の援助もあって大礼記念国産振興東京博覧会に同人等と「民藝館」を出展。終了後、山本為三郎の大阪三国宅に移築され、三国荘となる	
一九二九年	この年より一年間ハーバード大学講師を務める 上加茂民芸協団解散	岡倉天心『茶の本』邦訳
一九三一年	一月、雑誌『工藝』四月創刊 浜松の高林邸に日本民藝館を開館するも翌年閉館	
一九三二年	六月、鳥取民藝振興会発足、鳥取でたくみ工芸店開店	

一九三三年	十二月、銀座たくみ出店	
一九三四年	六月、日本民藝協会発足	
一九三五年	一月、駒場にて母勝子と同居	
一九三六年	十月、日本民藝館開館。柳初代館長となる 商工省より財団法人の認可	
一九四一年		十二月、太平洋戦争開戦 （四五年八月終戦）
一九四三年	三月、柳、台湾工芸調査訪問	
一九四五年	戦争で日本民藝館閉鎖。終戦後再開	
一九四六年	日本民藝協会の支部として、松本、富山、京都、岡山、栃木の五支部が発足	
一九四八年	三月、柳宗悦松ヶ丘文庫理事長就任 城端別院にて色紙和讃を見る	
一九四九年	八月、柳宗悦「美の法門」執筆 十月、私有の土地家屋調度および蔵品の全てを民藝館へ寄贈。還暦記念出版として私家本『美の法門』を上梓	
一九五〇年	五月、三宅忠一、日本工芸館開館 一九五一年以降、一九七〇年代にかけて「民藝ブーム」	
一九五二年	七月、ダーティントン国際工芸家会議に柳と濱田が参加	
一九五五年	二月、濱田庄司、富本憲吉、第一回重要無形文化財保持者に認定。 十二月、柳、日本民藝館で新しい試みによる第一回茶会	
一九五六年	四月、柳、第二回茶会開催	国際連合加盟

	十月、丹波展開催	
	十二月、柳、コーヒーによる試みの茶会	
一九五八年	十月、日本民藝館「新撰茶器展」を開催	
	雑誌『大法輪』に「仏教美学の悲願」を発表	
	病床にて宗教随想のなか「物と宗教」執筆	
一九六一年	五月、柳宗悦死去。日本民藝協会会長に大原總一郎就任。日本民藝館二代目館長に濱田庄司就任	
	十二月、日本工芸館小石原分館開館	
一九六三年	六月、富本憲吉死去	
一九七〇年	三月、「万博・日本民藝館」館長に弘世現就任	三—五月、日本万国博覧会
一九七一年	三月、大阪日本民芸館初代館長に濱田庄司就任	『アン・アン』『ノンノ』創刊
一九七五年	九月、棟方志功死去	沖縄海洋博
	四月、日本民藝館沖縄分館開設	
一九七七年	十二月、日本民藝館三代目館長に柳宗理就任	国立民族学博物館開設
一九七八年	一月、濱田庄司死去	
一九七九年	五月、バーナード・リーチ死去	
一九八〇年	三宅忠一死去	
一九八四年	四月、芹沢銈介死去	
一九八五年		つくば万博
一九九〇年		花博
一九九二年	四月、日本民藝館沖縄分館閉館	

一九九九年	八月、室蘭民藝協会解散	
二〇〇二年	三月、札幌民藝協会解散	
二〇〇四年	十一月、国立国際美術館中之島移転	
二〇〇五年		愛・地球博
二〇〇七年	十二月、島岡達三死去	
二〇〇八年	三月、バーナード・リーチ工房再建	

あとがき

以下の章は、既刊論文を加筆補正、部分的活用したものである。

第一章の「柳宗悦と民芸運動――「経営」という視点から」と第二章「柳宗悦の経営――梅棹忠夫と比較して」は、拙稿「柳宗悦と経営――梅棹忠夫と比較して」（『南山大学大学院国際地域文化研究』第一二号、二〇一七年）をもとに再構成し、適宜加筆・修正したものである。同様に、第三章「経営者としての柳宗悦の実践――組織運営・資金調達の視点から」は、拙稿「経営者としての柳宗悦を考える――組織運営と資金調達の視点から」（『南山大学大学院国際地域文化研究』第一三号、二〇一八年）を、第四章「地方民芸協会設立・拡大による組織拡大――富山県を事例として」は、拙稿「富山県と民芸運動――地方民芸協会の拡大と柳宗悦の経営力」（『南山大学大学院国際地域文化研究』第一一号、二〇一六年）を、第五章「受け継がれる柳の思想と大阪日本民芸館の経営——大原總一郎から弘世現へ」は拙稿「大阪日本民芸館創設の貢献者——大原總一郎から弘世現」（『民族藝術学会学会誌』第三四号、二〇一八年）を、それぞれもととし、加筆・修正したものである。

なんとか本稿を完成させることができたのは、以下の通り、数々の方々のご指導とご鞭撻があったからで、とりわけ指導教員の濱田琢司先生からは様々な指導をいただいたことを深く感謝したい。その他、章ごとにご協力いただいた方を以下の通り報告し、感謝の意を表したい。

第一章「柳宗悦と民芸運動——「経営」という視点から」および第二章「柳宗悦の経営——梅棹忠夫と比較して」では、国立民族学博物館梅棹資料室の三原喜久子氏に多大なご配慮を頂いたことを記して感謝したい。併せて、南山大学の加藤隆浩教授からは、山本紀夫『梅棹忠夫——「知の探検家」の思想と生涯』（中央新書）の紹介を受け、その際の指導・アドバイスもあって柳と梅棹について「経営」という視点から考察することになった。記して感謝したい。

第三章「経営者としての柳宗悦の実践——組織運営・資金調達の視点から」での調査に際しては、志賀直邦、杉山亨司、保坂達也、水尾比呂志氏の好誼を受けた。感謝申し上げたい。また、本章については、拙稿「経営者としての柳宗悦を考える——組織運営・資金調達の視点から」（『南山大学大学院国際地域文化研究』第一三号、二〇一八年、一五三—一七二頁）を修正し、まとめたものであるということは既述の通りだが、引用のお礼を兼ねて、熊倉功夫先生に当該冊子を贈呈したところ、次のようなお手紙をわざわざ頂いた。「ご論文拝読しました、実に我が意をえたという嬉しい趣旨の論文で一気に読了、従来になく民藝の人には発想できぬ論旨です、柳の手紙は資料の宝庫で今後のお仕事も期待しています、ありがとうございました」というものであった。本書の方向性について勇気を得ることができ、感謝したい。また、書簡分析についても、今後継続していきたいと考えている。

第四章「地方民芸協会設立・拡大による組織拡大——富山県を事例として」でも、様々な人々よりアドバイス・支援を賜った。とりわけ、大福寺の太田住職、富山市民俗民芸村の高木学芸員、田尻学芸員、桂樹舎の吉田社長、光徳寺の高坂制立夫人高坂千端子さん、高岡市美術館の橋本副館長、宝田学芸員、瀬尾学芸員、富山民藝協会の元会長の水木省三さんには、大変親切にしていただいた。

生前の吉田桂介さんと、筆者とは、あるエピソードがあるので、紹介したいと思う。二〇〇八年（平成二十年）頃だったと思う。富山に帰省した時、八十歳になる父と二人で、約束もなく桂樹舎を訪問した。当時、父は体調が悪く、弱気になっていたので、十五歳年上の吉田さんをみたら、刺激を受けて元気になるのではないかと期待しての訪問だった。吉田さんは事前に会見の約束がなかったにもかかわらず、実に丁寧に対応していただいた。しかも、帰りがけに、元気のない父に、「スッポン」を食べれば長生きできるよ、と「スッポン」の本を父に渡して、元気でやりなさいと励ましてくれた。

約束なしの訪問と本の贈呈は、不思議と柳と吉田さんの話に符合する。吉田さんが柳との出会いで書いた「自分はもう和紙と縁を切ることが出来ない。一道しっかりと歩まなければならない」という言葉をかみしめながら、今の仕事をがんばるつもりである。

なお、本論は二〇一五年（平成二十七年）十一月二十二日に富山市民芸館五十周年記念名品展記念講演会で小職が「富山県と民芸」と題して講演した内容を一部修正してまとめたものである。第五章の「受け継がれる柳の思想と大阪日本民芸館――大原總一郎から弘世現へ」は、二〇一七（平成二十九）年四月二十三日に第三十三回民族藝術学会において発表した内容を骨子としたものである。調査に際しては、井上明義、岡上敏彦、清水豊啓、辻野純徳、日下田宗弥各氏の好誼を受けた。また、民族藝術学会での発表や論文作成においては、筆者の指導教員である南山大学濱田琢司教授の指導を受けた。末筆ながら重ねて感謝申し上げたい。

著者

著者について――

長井誠（ながいまこと）　一九五五年、富山県生まれ。「関西の今後を考える会」主宰。元大阪日本民芸館常務理事。南山大学大学院博士後期課程修了。博士(地域研究)。現在、京都芸術大学大学院非常勤講師。

装幀——山崎登

経営者　柳宗悦

二〇二一年一二月二〇日第一版第一刷印刷　二〇二二年一月一〇日第一版第一刷発行

著者――長井誠

発行者――鈴木宏

発行所――株式会社水声社

東京都文京区小石川二―七―五　郵便番号一一二―〇〇〇二

電話〇三―三八一八―六〇四〇　FAX〇三―三八一八―二四三七

［編集部］横浜市港北区新吉田東一―七七―一七　郵便番号二二三―〇〇五八

電話〇四五―七一七―五三五六　FAX〇四五―七一七―五三五七

郵便振替〇〇一八〇―四―六五四一〇〇

URL : http://www.suiseisha.net

印刷・製本――モリモト印刷

ISBN978-4-8010-0610-2